小主题 大社会

——幼儿园社会领域园本课程的实践研究

刘红伟 主 编

李英华 宫艳艳 副主编

首都师范大学出版社

CAPITAL NORMAL UNIVERSITY PRESS

图书在版编目（CIP）数据

小主题　大社会：幼儿园社会领域园本课程的实践
研究 / 刘红伟主编. — 北京：首都师范大学出版社，
2022.5

ISBN 978-7-5656-6177-8

Ⅰ.①小… Ⅱ.①刘… Ⅲ.①社会科学课—教学研究
—学前教育 Ⅳ.①G613.3

中国版本图书馆CIP数据核字（2020）第255200号

小主题　大社会：幼儿园社会领域园本课程的实践研究

刘红伟◎主编

责任编辑　禹　冰
首都师范大学出版社出版发行
地　　址　北京西三环北路105号
邮　　编　100048
电　　话　68418523（总编室）　68982468（发行部）
网　　址　www.cnupn.com.cn
印　　刷　河北鑫彩博图印刷有限公司
版　　次　2022 年 5 月第 1 版
印　　次　2022 年 5 月第 1 次印刷
书　　号　ISBN 978-7-5656-6177-8
开　　本　710 mm × 1000 mm　　1/16
印　　张　15.25
字　　数　250 千字
定　　价　49.80 元

编委会名单

主　编　刘红伟

副主编　李英华　宫艳艳

编　委　孙连红　王建红　王育红　惠红霞

　　　　任晓月　刘　佳　张立红　姜　燕

序 言

　　学前教育是与人民群众切身利益密切相关的大事，2018 年 11 月，中共中央、国务院印发了《关于学前教育深化改革规范发展的若干意见》，指出要以"习近平新时代中国特色社会主义思想为指导，全面贯彻党的十九大精神和党的教育方针，认真落实立德树人根本任务，遵循学前教育规律，牢牢把握学前教育正确发展方向"。近年来，燕山教委坚持"政府主导、广泛覆盖、公益普惠、优质均衡"的原则，构建和完善发展学前教育的服务体系，提升办园质量的管理体系，促进教师成长的培养体系，逐步实现规范管理常态化、保教工作优质化、队伍建设层次化，推动学前教育科学、可持续、内涵发展，促进幼儿终身健康快乐发展。

　　办好学前教育，关系儿童健康成长，关系社会和谐稳定，关系党和国家事业未来，我们现在要做的一项重要工作，就是要在具体落实上多下功夫。燕山地区各幼儿园自主探索、明确办园理念及发展目标，办园特色彰显。在此基础上，经过几年来对幼儿园社会领域活动的不断探索，向阳幼儿园的《小主题 大社会——幼儿园社会领域园本课程的实践研究》终于和读者见面了。此书的出版，正是落实中央精神的具体体现。这是一件值得祝贺的事情！

　　幼儿园社会领域教育是幼儿园以发展幼儿的情感和社会性为目标，以增进幼儿的社会认知、激发幼儿的情感、培养幼儿的社会行为为主要内容的教育活动，其核心是做人的教育。此书以此为基点，梳理了人与自我、人与社会、人与环境三个维度，来研究社会领域活动。本书编写建立在具体实践之上，既有一定的理论建构又有实践指导，书中所呈现的案例均为全园教师多次亲身实践、总结出来的：通过观察幼儿行为与兴趣，结合幼儿年龄特点；通过研讨交流，确定了班级的主题目标和实施活动开展的具体规划；通过实践探索，促进幼儿社会性的发展，促进幼儿爱与包容、交流与合作等人际交往能力的提升，这样既符合幼儿的学习认知规律，也避免枯燥生硬，兼具了极强的可读性和实操性。

　　学前教育是终身学习的开端，是国民教育体系的重要组成部分，是重要的社会公益事业。相信这本书的出版，将为推动燕山幼儿园优质内涵发展，从幼儿阶段扣好"第一粒扣子"做出积极的贡献。

北京市房山区燕山教育委员会主任　张荣波

2020 年 11 月

目录

第一章　小班篇

可爱的小兔子

班级：小三班　撰写教师：张媛媛 宫艳艳

一、学情分析

小班幼儿对周围世界的探索主要通过对物体的看、听、摸、闻、尝等操作活动进行，它与"玩儿"往往是同一过程，其活动的目的性、顺序性、细致性、有意性均有待于提高。

3、4岁幼儿往往只能直接、简单、表面化地认识事物，他们通过对事物进行大量感知积累经验，这些经验是幼儿今后进一步理解周围事物及相互关系的基础。经过一学期的在园生活，我班幼儿开始具有最初步的对社会规则、行为规范的认识，喜欢与人交往，特别是开始喜欢与同伴交往，也对动植物萌发了初步的探究欲望。

二、主题来源

春阳柔如母亲的手，这个时候，小朋友都想出去踏青，采撷春天的风景。柳树在和小朋友微笑，风轻轻送来花的香气。清明假期过后，孩子们纷纷谈论自己找到的春天。突然一然说道："我舅舅家养了两只小兔子，可好玩了！"梓曦听到后附和道："我也见过小兔子，毛茸茸的。""老师，老师，我上次去动物园的时候也看见小兔子了，有很多很多。"孩子们你一言我一语地说着，还有人想把小兔子带到教室，于是以"可爱的小兔子"为话题的主题活动开始了。

三、主题活动总目标

（一）在语言、艺术等活动中，表达自己对兔子的喜爱。

（二）用各种方法表达自己收集的兔子形象，尝试用绘画和手工制作等方式完成兔子的各种作品。

（三）在饲养中认真记录兔子的生活习性和感悟兔子的审美形象。

四、主题活动网络图

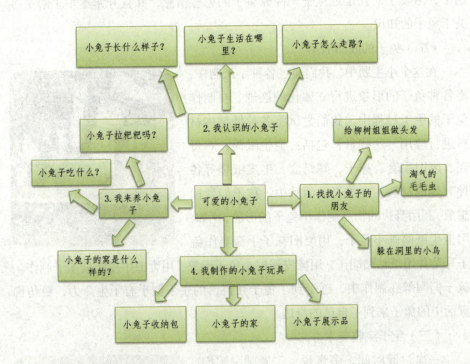

五、主题活动具体实施情况

（一）找找小兔子的朋友

在这个主题活动的一开始，我们在生活活动中和孩子们说起关于美丽的春天和自己喜爱的小兔子的话题，孩子们的话匣子被打开，开始你一言我一语，说着自己搜集到的小兔子是什么样子的、春天里有什么好朋友等等，对幼儿的口语表达能力有了一定的提升。

通过开展教育活动课《兔子是春天的信使》，和孩子们一起表示象征春天的动物，如燕子和兔子。象征春天的一些植物，如柳树、蘑菇林等。孩子们对这些生活中的景物都是非常熟悉的，所以在活动中表现得跃跃欲试。开展用皱纹纸给柳树姐姐做长头发、给小鸟搭窝、给毛毛虫排队等活动，在观察图片、欣赏音乐等多种方式下，更好帮助幼儿感悟到春天里各种小动物的活动。知道了要吃健康的食物，才能让身体更加强壮。从而在师幼合作、幼幼合作中感悟到兔子在春天的出现，给世界带来了怡人的气息。在这个小主题中，激发了幼儿走近兔子，探究兔子的思想情感，并且开始逐步了解更多关于兔子的知识。

（二）兔子的靓丽展示

在这个小主题中，我们通过各种手工制作，将各种兔子的形象进行立体化的展现。在制作兔子的手工过程中，我们尝试将各种低结构材料进行应用。这些材料包括：卫生纸筒、鸡蛋壳、废旧手套、袜子、酸奶盒、牛皮纸袋等各种有趣的材料。在美工区活动中，孩子们发挥想象，利用身边的物品制作小兔子的形象，比如：用卫生纸筒画小兔子，用废旧袜子手套当作兔子耳朵并用纸粘贴胡子，用橡皮泥捏小兔子形象，用废旧牛皮纸袋亲子制作。孩子们陶醉在制作中，感受到了兔子在自己的手下似乎有了生命力，更仿佛童话中的兔子来到了自己的身边。

（三）兔子涂鸦美术秀

一次过渡时间，多米说："老师，咱们把美工区的桌布也变成小兔子吧。这样我就感觉小兔子一直在我身边。"多米的意见立刻得到了阳阳、晨萱的支持。于是，大家开始忙活起来。有准备画笔的、有互相穿罩衣的、有准备颜料的。"准备好了，大家一起画吧！"一然开始张罗起来。

经过这次活动，孩子们将小兔子表现得更加活灵活现了。小朋友在"画兔子"中积累自己对兔子外形的总体把握，充分感受了兔子的毛色、兔子的憨态、兔子的各种表情等。

（四）饲养兔子新体验

在饲养小兔子的过程中，幼儿对小兔子的喜爱程度在不断增加，幼儿的活动能力也相应提高。在饲养兔子的过程中，幼儿注重相互交流，表达自己在家的饲养体验，实现了自己的心理过程的分享。孩子们也开始总结一些饲养小兔子时的注意事项：给兔子喝的水一定要是干净的白开水；还有兔子的肠道比较柔弱，应该以兔粮＋新鲜苜蓿草＋纯

净水饲养为宜，偶尔可以喂点芹菜、香菜、蒲公英等，这些植物对兔子的身体很有帮助；兔子的居住环境要卫生、干燥、通风，笼养的兔子每天要保持1小时以上的活动时间；怕兔子乱拉，可以教它上厕所，它的尿液粪便要每天清理，如不清理，堆积久了会产生氮气；抓兔子时千万不能抓兔子的耳朵，耳朵是兔子的重要器官。正确的抓兔子方法应该：用一只手拖住兔子的背，用另一只手抬着兔子的屁股，让兔子的腿和肚子都朝前；要特别注意检查兔子的身体状况，因为某些症状就是疾病的预兆，健康兔子的粪便是黑而圆、无臭味、无不消化食物等，精神好，食欲好，眼睛清澈，耳内干净，身上无皮肤病，反应敏捷，无流口水，无畸形牙等。

六、主题活动中的区域创设

（一）墙体区：主题墙

区域目标：感受不同墙面中的生活气息，解读内部的隐藏空间。

区域墙饰：各种植物造型。

区域材料：绘本《小兔米菲》《兔子的家》。

指导重点：教师根据主题活动的进展情况向幼儿重点推荐绘本故事，如在主题活动中期推荐绘本《兔子的家》让幼儿感受到自己用想象来编织故事，感受到无穷的艺术魅力。

（二）美工区：涂鸦大色板

区域目标：感受用颜料涂鸦的乐趣。

区域墙饰：兔子的各种造型。

区域材料：彩纸、笔、毛根各种辅助材料。

指导重点：鼓励幼儿大胆想像，并与同伴进行分享，提升幼儿创意制作的水平。美工区涂鸦蘑菇房子，使用水粉和油画棒，感受水油分离的特点。不仅是绘画的空间，还是游戏的场所。

（三）饲养区：感受兔子的生活

区域目标：观察兔子的生活经历。

区域材料：户外饲养小兔子、记录本。

指导重点：鼓励幼儿每天观察小兔子，了解兔子的生活习性。

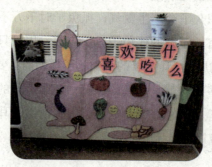

七、主题下的集体教育活动

活动一：语言活动故事——小兔找太阳

活动目标：

1.能用语言描述太阳的特征，加深对红色、圆形的认识。

2.知道晒太阳也是冬天的一种取暖方式。

3.乐意参与表演，大胆进行角色对话。

4.激发对文学作品的兴趣。

活动准备：

物质准备：

1.设计小兔找太阳的场景（红灯笼、红萝卜、红气球的实物，太阳的画面图片）。

2.故事《小兔找太阳》的视频。

3.画有红灯笼、红萝卜、红气球、太阳的画面故事内容4幅。

4.小兔和兔妈妈图片和头饰。

经验准备：课前开展半日活动"晒太阳"，感知在阳光下温暖的感觉。

活动过程：

1.出示小兔子的图片，激发幼儿兴趣

师：小朋友们，今天老师给你们请来一只小客人，你想知道它是谁吗？（幼儿想）师：小朋友请看，这是谁？（小兔子）对，它是一只可爱的小兔子，那么你知道今天小兔子想干什么吗？它呀，想去找太阳，可是，它从来没有见过太阳，小朋友你见过太阳吗？你知道太阳是什么样的吗？（个别幼儿说一说）师：哦，我们小朋友知道太阳是红红的、圆圆的、亮亮的，照在身上暖暖的。可是小白兔只听说太阳是红红的、圆圆的，并没有见过太阳，下面我们就一起来看一下小兔子能不能找到太阳。

2.教师边出示图片边讲故事《小兔找太阳》

根据故事情节逐步拉出画面，让幼儿与故事互动，学习语言，理解作品情节和其中的人物形象。

出示挂图1：

师：一只可爱的小兔子听说太阳是红红的、圆圆的，就去找太阳。小兔子来到屋子里，小朋友请看它看到了什么（灯笼）这时，小兔子指着两盏红红的、圆圆的灯笼说："妈妈，这是太阳吗？"小朋友你先来告诉它，这是太阳吗？（不是）是什么呀？（是两盏灯笼）那我们快告诉它，（引导幼儿说出：这是两盏红灯笼）。这时妈妈告诉它，不，这是两张红灯笼，太阳在屋子外面呢！

出示挂图2：

师：小兔子来到菜园子里，小朋友请看它又看到了什么？（引导幼儿说：红红的、圆圆的萝卜）。这时小兔子看到萝卜又说，妈妈这是太阳吗？来，小朋友，我们替妈妈告诉它（引导幼儿说出：不，这是3个红萝卜，太阳在天上呢）。

出示挂图3：

师：小兔子抬起头，它看见了什么？（气球）这时小兔子又问妈妈："妈妈这是太阳吗？小朋友，妈妈会怎么说呢？（个别幼儿自由回答）

师：不，这是红气球，太阳只有一个，还会发光呢。

出示挂图4：

师：小兔子仰起了头，看着妈妈指着的地方，大声喊："妈妈，我找到了，太阳是红红的、圆圆的、亮亮的，太阳照在身上暖洋洋的。"

师：小朋友，今天小兔子找到太阳了吗？（找到了）那你们来说一说太阳是什么样的呢？（鼓励幼儿用连贯的语言描述太阳的特征）

师：小兔子今天找到了太阳，它非常高兴，它要请小朋友听故事，你们想听吗？

3.观看故事视频《小兔子找太阳》。

4.提问

（1）小兔子第一次找到了什么？（个别回答后，请小部分幼儿上来找找红灯笼，并一起说说故事中的对话"这是两盏红灯笼，太阳在屋子外面呢！"）

（2）又找到了什么呢？（个别回答后，请小部分幼儿上来找找大萝卜、红气球，并一起说说"这是三个大萝卜、红气球"。）

（3）兔子为什么会把红灯笼、大萝卜、红气球当成太阳呢？（引导幼儿看看它们都是红红的、圆圆的）

（4）你见过太阳吗？在哪儿能找到它？在太阳下有什么感觉呢？

（5）引导幼儿一起说说"太阳是红红的、圆圆的、亮亮的，照在身上暖洋洋的"。

5.幼儿（根据设计的场景）戴头饰、分角色讲故事。

活动二：社会活动——兔宝宝不要哭

活动目标：

1.理解故事内容，知道兔宝宝为什么会哭，让幼儿愿意帮助它。

2.学说短句：兔宝宝不要哭，我送你×××。

3.让幼儿体验到帮助别人是件快乐的事。

活动准备：

物质准备：

1.活动室的一角布置成舞会的样子，另一角布置成超市，内有各种玩具和礼品。

2.请几个大班的幼儿戴上各种动物头饰等待出场。

经验准备：幼儿有角色扮演的经验。

活动过程：

1. 故事导入

师：新年到了，小动物们都穿着漂亮的衣服出去玩了，它们是谁呀？（戴上各种动物头饰的幼儿依次出场。）突然，传来了"呜呜……"的哭声，谁在哭呀？

幼：是小兔子在哭。

师：你怎么知道的？

幼：它在擦眼泪呢！（评析：小班的幼儿最喜欢观看各种小动物及听老师讲一些充满童趣的小故事，情境表演能充分激发幼儿的活动兴趣，幼儿也非常想知道兔宝宝为什么会哭，为下面的活动做了铺垫。）

2. 情感体验师

请你猜一猜，兔宝宝为什么哭呢？

幼1：它不听话，妈妈不要它了。

幼2：它肚子饿，没有好东西吃了。

幼3：它没有玩具。师：小朋友说得真好，那么，你们有什么好办法让它不要哭了？

幼1：我给它擦眼泪。

幼2：我去抱抱它。

幼3：我给它吃糖。

幼4：我去跟它玩。（评价：教师及时引导幼儿去学会关爱他人，抓住有利时机，培养他们同情兔宝宝，并尝试去帮助它。）

3. 帮助他人

师：让我们去问一问它，好吗？兔宝宝，你为什么哭呀？

戴小兔头饰的幼儿：新年到了，我没有新衣服，也没有好吃的、好玩的东西，呜呜……

师：听了兔宝宝的话，我们怎么办呢？

幼：我们大家一起帮助它。师：那你准备怎么帮呢？

幼1：我给它买新衣服。

幼2：我给它买玩具。

幼3：我给它买好吃的东西。

师：小朋友的办法真多，现在，我们一起去超市给兔宝宝挑选好东西吧！（师幼一起在轻柔的音乐声中去超市，让幼儿自己选择送给兔宝宝的礼物。）

师：我们已经选好了礼物，现在，我们就去送给它，好吗？

幼：好。

师：兔宝宝很高兴，能有那么多小朋友来给它礼物，但是，它有一个要求：小朋友送礼物时，要一个跟着一个，不能推也不能挤，而且，一定要说清楚，你送给它什么礼物。（放音乐，幼儿送礼物，在此过程中，重点指导幼儿学说句子：兔宝宝不要哭，我送给你 ×××）

（评析：通过这些活动，使幼儿学会通过语言、表情、行动去体验帮助别人的快乐，特别是"送礼物"这一环节，更是把孩子们的兴奋之情推向了高潮。）

4. 新年舞会

师：小兔宝宝今天真开心，收到了那么多的礼物，现在，它邀请我们一起去参加新年舞会，我们跟着它跳舞吧！（师幼一同来到布置成新年舞会的区域，跟着音乐快乐地跳起舞来……）

活动三：科学活动——认识小兔

活动目标：

1. 了解兔子的主要外形特征和生活习性，发展幼儿的观察力。

2. 产生喜欢兔子、关心小动物的情感。

3. 激发幼儿对周围事物的探究欲望，培养幼儿初步的科学素质，掌握简单的科学方法。

活动准备：

物质准备：课件《可爱的兔子》PPT、音乐《兔子舞》。

经验准备：在户外时间，观察过小兔子的外形。

活动过程：

1. 猜谜语，激发幼儿兴趣

谜面：眼睛红，毛衣白，长长的耳朵竖起来，爱吃萝卜和青菜，蹦蹦跳跳真可爱。点击"小兔谜语"按钮进入猜谜语活动，引出主题，激发幼儿的兴趣。点击"？"按钮验证是否正确，还可以边看图片边学说谜语。（按"小喇叭"按钮可以反复播放谜语）

2. 观察兔子，大胆描述兔子的外形特征

（1）提问：你们喜欢小兔吗？

（2）请幼儿看图片。点击"小兔模样"按钮进入图片区，引导幼儿观察兔子特征。

（3）提问：你看到了什么颜色的兔子？（白的、灰的、黑的……）兔子的耳朵、眼睛、嘴巴、尾巴什么样？（长耳朵、红眼睛、三瓣嘴、短尾巴）身体看上去有什么感觉？（毛茸茸的、软软的）

（4）小结。点击"下一页"按钮进入"兔子什么样？"表格进行小结。

3. 游戏《找小兔》

教师播放游戏课件《找小兔》，讲解游戏玩法并操作：小兔藏在树林里，露出一部分特征，幼儿点击找出，巩固对小兔外形特征的认识。

4. 游戏《喂小兔》

（1）提问：小兔喜欢吃什么？

（2）教师播放游戏课件《喂小兔》，讲解游戏玩法并操作：点击鼠标将食物送给小兔吃，并用完整的语言表述，食物送对了小兔就高兴，送错了小兔就生气。（在操作活动中了解小兔喜欢吃哪些食物，通过喂小兔表达对小兔的喜爱。）

（3）小结：小兔喜欢吃白菜、青菜、胡萝卜等。

5. 听音乐跳兔子舞，结束活动。

活动四：健康活动——孤独的小兔

活动目标：

1. 通过故事，幼儿初步理解什么是孤独。

2. 通过连体人、背靠背、两人三足这三个有关合作的游戏，幼儿感受与人合作的快乐。

3. 初步尝试分享与合作。

活动准备：

一组讲述孤独兔子故事的幻灯片，几张挖了两个洞的报纸以及废旧的纸盒皮等。

活动过程：

1. 活动引入

师：小朋友们，今天老师给你们带来一个关于小兔子的故事，小朋友们以前一定是没有听过的，因为这个故事是最近才刚刚发生的哦。所以接下来小朋友们就要认真听清楚啦，因为小兔子最后需要小朋友们的热心帮助。

教师一边播放幻灯片，一边从其中的图片讲述小兔子的性格遭遇。故事概况：从前有一只小兔子，由于平时自己一个人在家，所以很少出去和别的小伙伴们做朋友。可是有一次森林里面突然起了大火，大家都在互相帮助思考逃生的办法，可是小兔子却孤独地一个人在大火中挣扎着。如果当时小朋友正好在小兔子的身边，会怎样帮助小兔子顺利逃离火灾现场呢？

2. 回忆故事

针对故事中的问题，让幼儿自由进行回答，然后教师再归纳出几个有意义的回答让幼儿参与讨论。从讨论中得出幼儿的回答是否可行，以后如果自己遇到类似的事情时，会不会用同样的方法进行合作。

3. 游戏部分

游戏一：连体人

游戏规则：幼儿自选同伴，两人一组。将挖好两个洞的报纸分别套在两个人的脖子上，将两人连在一起。两人一组沿着教师指定的路线走、跑、过障碍物等。如果报纸中途破碎则停止游戏，以报纸不破碎者为优胜。

说明：障碍物可以是某个特定的纸盒铺成的小路，或者是教师自行画的圈圈之类的。

游戏二：背靠背

游戏规则：幼儿自选同伴，两人一组。让幼儿两两背对背坐下，两腿伸直，双手臂向后互相钩住，然后试着站起来。

说明：这个游戏教师可以划定一些范围，首先把全班幼儿分成几个大组，然后每个大组派出两个小朋友进行游戏，剩下的小朋友为自己的组员加油。轮流着进行。

4.游戏

通过上面的游戏，小朋友们在游戏结束后分小组分享感受。教师叫几个小朋友代表小组成员分享体会。

师：小朋友们刚才玩游戏的时候都很开心，都知道怎样去跟自己的小伙伴好好合作与沟通，所以呢，可以看出我们班的所有的小朋友都不是孤独一个人的。那么刚才故事中的小兔子呢，在你们玩游戏的时候悄悄告诉老师，它通过你们热心的帮助已经找到自己的小伙伴啦，所以不再孤独一个人了，于是呢，最后就能够安全的和小伙伴互相合作逃离火灾现场了。它呢，要老师谢谢小朋友们的热心帮助！

5.活动总结

师：今天，我们又是听故事又是玩游戏，玩得很开心，那么小朋友们是不是都能够想得到自己不是一个人做事情呢？在家里面，有爸爸妈妈的帮助；在幼儿园里面，和小朋友、老师在一起，大家相亲相爱，是不是不会感到孤独了呢？所以呢，小朋友们在家里可以帮爸爸妈妈拿拿拖鞋、端端水；在幼儿园，和小朋友们合作搬搬桌子之类的。于是，什么事情都难不倒我们啦，对不对？

6.活动自然结束。

活动五：体育活动——小兔蹦蹦跳

（一）集体活动

活动目标：

1.能正确地双脚并拢向前跳。

2.会听指令玩游戏。

3.能以愉快、积极的状态参加活动。

活动重点：能正确地双脚并拢向前跳。

活动难点：手中持物双脚并拢向前跳。

活动准备：

物质准备：

1.兔妈妈头饰、呼啦圈、小兔头饰、胡萝卜每人1个。

2.欢快的律动音乐《公共汽车》、欢快的背景音乐1首。

3.桥面布置（绳子几根、凳子）。

经验准备：在户外时间经常玩蹦跳的游戏。

活动过程：

1.热身部分：教师（兔妈妈）带着兔宝宝进场

师：今天天气真不错，妈妈带你们活动活动，做好准备……（教师边念儿歌边带幼儿做动作）

儿歌：今天天气真好，小兔起得早。跟着妈妈来做操，身体锻炼好！点点头、伸伸臂；弯弯腰、踢踢腿；转一圈、蹦蹦跳；一二一二向前跳，我是快乐的兔宝宝。

2.基本练习部分

（1）自由探索呼啦圈的玩法

①教师（兔妈妈）带着幼儿（兔宝宝）开着汽车（呼啦圈）进场。

师：哇！这里有好多小汽车哦！我们开小汽车出去玩咯！嘟嘟嘟！公车上的轮子转呀转，转呀转，转呀转……滴！到停车场了，请小朋友们把自己的汽车找个停车位放好啦！

②请幼儿自由探索呼啦圈的玩法。

师：宝宝们，刚才我们用圈开汽车，那这个圈还可以怎么玩呢？宝宝们去试试吧！（跟幼儿单独交流玩圈的方法）

提问：宝宝们玩得很起劲，现在谁来大胆地说一说，你是怎么玩的？（请2—3名幼儿上来示范介绍自己玩圈的方法，老师引导幼儿跟学）

（2）教授正确的跳圈方法

提问：你们想知道兔妈妈是怎么玩圈的吗？

①教师动作示范：兔妈妈将圈放在地上，两只脚并拢，膝盖弯一弯，然后跳进圈内。

②幼儿集体跟学，请2—3名跳得规范的幼儿上来示范。

师：宝宝们，你们自己也试一试吧！

③点评、纠正幼儿不规范的动作。

师：妈妈发现好多宝宝都已经学会跳圈了，那我们一起试试，我数1、2、3，我们小兔子就一起跳进圈内。

（3）游戏：小兔蹦蹦跳

师：兔宝宝们真能干，妈妈发现家里没有食物了，要请宝宝帮忙去菜园摘萝卜做菜。

①游戏规则

师：去菜园的途中，发现一条小路坏了，需要兔宝宝用手中的呼啦圈铺好两条通往菜园的路，然后要双脚并拢，一个一个地跳过圆圈，还要经过小河，本领较大的兔宝宝可以从较宽的桥面上跳过去，本领较小的宝宝可从较窄的桥面上跳过去，才能达到菜园。到菜园后，每人摘一个萝卜并统一放入菜篮，再从旁边跳回来（教师边讲解边直观示范）。

②幼儿先进行第一次游戏活动。

③第一次游戏活动结束，增加游戏难度，再次进行送萝卜给兔奶奶的游戏。（请幼儿跟着老师一起把摘到的萝卜送给兔奶奶，幼儿手持萝卜跳过另一条由方形沙包铺就的岩石路到达兔奶奶家）

④游戏结束，教师与幼儿的交流分享游戏的乐趣、点评。

（4）结束部分

到达兔奶奶家后，请兔宝宝跟着妈妈一起给兔奶奶做大餐，进行放松运动！（包饺子，包饺子，捏捏捏！炒萝卜，炒萝卜，切切切……做好了，一起送去给兔奶奶品尝）

（二）分散活动

材料准备：呼啦圈、平衡木、过河石、沙包、拱形门等障碍物。

指导重点：鼓励幼儿自主搭建出不同的小路，用正确的姿势进行蹦跳。

活动六：音乐活动——兔子舞

活动目标：

1.感受乐曲带来活泼、欢快的情绪，愿意跟着音乐节奏跳舞。

2.学习邀请舞的跳法，体验与同伴一起游戏的乐趣。

活动准备：

物质准备：音乐、17根彩带（绑在幼儿的左脚上）、兔子头饰6个。

经验准备：在过渡环节，幼儿能根据教师口令做动作。

活动过程：

1.一只兔子来跳舞

（1）师：小朋友们好！我是兔子拉拉队的队长，森林里要举办一场运动会，我要挑选会跳舞的小兔子来为运动会加油，我们一起来学一学兔子拉拉队的舞蹈吧，看哪些小朋友最先学会，那他们就是小队长喔！

（2）师：看清楚我的动作哦！（教师戴着兔子的头饰，播放音乐，示范一遍舞蹈。）

（3）师：看清楚兔子队长的动作了吗？他是怎么跳的？我请知道的小朋友说说自己看到了什么动作，并学一学。

（4）师：我们来学一学，手是放在哪里的？双手叉腰。先伸出左脚，就是绑彩带的那只脚，看老师，脚尖怎么样？脚尖朝上，脚后跟怎么样呢？脚后跟着地。收回左脚，立正。再伸出左脚，再收回。好，小朋友们真厉害，学会了左脚舞步，我们再伸出右脚，右脚就是没有绑彩带的那只脚，脚尖——朝上，脚后跟——着地。收回，再来一次。

（5）师：左脚跳几次呢？左脚跳两次，右脚跳几次呢？右脚跳两次。我们加上口号试试，左左右右，大声喊出来哟！我请一位能干的小朋友来表演一下，××很棒哦！大家向他学习，我们一起来跳一次。

（6）左左右右后是什么动作呢？跳——跳（老师示范），原地跳两下。向前跳，跳三下。我们一起来试试，大声喊：跳——跳，向前跳！小朋友们太棒了，我们加上左左右右一起来试试。左左右右跳跳向前跳。现在我来放音乐，看小兔子们能不能跟上音乐哟！小兔子们都学会啦，请随便找一个位置坐下。

2. 两只兔子的邀请舞

（1）师：我要邀请我的好朋友小严老师来和我跳舞，小兔子们注意观察哦！放音乐。

（2）师：两只兔子的邀请舞和一只兔子的独舞有什么不一样？

（3）师：手有什么变化吗？一个人跳时，手叉腰；两个人人跳时，前一个人手叉腰，后一个人的手搭在前一个人的肩膀上。

（4）师：请小兔子们找到自己的好朋友，我们跟着音乐一起来跳一跳。要踩着节奏，和你的好朋友的动作一样。

（5）师：刚刚有的小朋友跳着跳着就和自己的好朋友分开了，为什么会出现这种情况呢？前面一个小兔子可不要跳太远，不然后面的小兔子可跟不上喽，两个好朋友，要保持相同的节奏。

3. 长长的接龙

（1）师：刚刚我们是两个好朋友一起跳，想不想很多只小兔子一起跳接龙舞呢？兔子们怎么才能连成一条长长的队伍呢？大家排好队伍，手叉腰的小朋友把另一只手搭在另外一个小朋友的肩膀上，一个连着一个，就变成了长长的队伍。

（2）经过老师刚刚的观察，我请四个小朋友来当兔子拉拉队的小队长（教师给小队长们的"兔子"戴上头饰），请小队长自己找一个圆点，站在圆点上。现在就有4组拉拉队啦，请小兔子们选择一个队伍，每一组拉拉队有4只小兔子哦！我们一起跟着音乐来跳《兔子舞》。

（3）最后请所有的兔子都连一起跳舞，第二小组的小兔子们排到第一小组的后面，第三小组的小兔子们排到第二小组后面，后面跟上。我们排成最长的队伍来跳舞吧！跳出教室结束。

活动七：美术活动——小兔子的花布

活动目标：

1.能用胡萝卜印章盖印图案，制作美丽的花布。

2.能尝试将整个"印章"完整地印在纸上，体验合作活动的快乐。

活动准备：

物质准备：实物胡萝卜、胡萝卜印章（事先刻好）、各色颜料、调色盘、挂图、幼儿美术画册、教师自制的胡萝卜印章作品。

经验准备：已具备盖印章的相关经验，认识胡萝卜。

活动过程：

1.用故事导入活动，并引导幼儿观察自制作品，激发创作兴趣

（1）师：兔妈妈给小兔新买了一块漂亮的花布做衣服，花布上还有小兔子最爱的胡萝卜图案，可是花布被小兔子弄丢了，它可着急了！你们看……

（2）师（出示自制作品）：你们知道这些漂亮的花布是怎么做出来的吗？

2.师幼共同探索制作胡萝卜印章的方法

（1）师（出示胡萝卜）：这是什么？它有什么用呢？（幼儿自由讨论）胡萝卜除了吃还可以印画呢！

（2）师（出示胡萝卜印章）：快来试一试，看看怎样用胡萝卜做出漂亮的花布！

（3）教师请个别幼儿尝试印画。

（4）教师示范印画：小小印章手中拿；用力印，轻轻取；印完几个再换色，换色要用新印章。

3.教师讲述操作要领，幼儿操作，教师指导、帮助

（1）师："请大家都来做一块胡萝卜印章花布，再把它们拼成一块大花布送给小兔子吧！"

（2）教师观察幼儿的操作，重点提醒幼儿在蘸色时要适量，盖印要用力，方法要到位。

（3）教师应注意时常提醒幼儿，换色时，一定要换新的胡萝卜印章，不能混色。

（4）教师注意提醒幼儿尽量多印，丰富画面。

4.欣赏与评价

教师把幼儿的作品组成一块大的花布，让幼儿体验合作的快乐，并以小白兔的口吻表达对幼儿的感谢。

活动八：数学活动——数兔子

活动目标：

1.引导幼儿在游戏中感知5以内的数。

2.在操作中学习按数取物，体验数学活动的乐趣。

活动重点： 能根据数卡取得同等量的物体。

活动难点： 随着任务的增多能够正确按数取物。

活动准备：

物质准备：绘本《123，数兔子》、课件《点数5以内的物体》、操作卡若干（数卡、图片：小兔子、萝卜、毛衣、裤子）、糖果若干。

经验准备：幼儿会5以内的顺数。

活动过程：

1.阅读绘本《123，数兔子》，引领幼儿进入情境

师：兔妈妈生了好多兔宝宝，小兔子们好调皮呀，兔妈妈忙得照顾不过来，小朋友可以帮它照顾小兔子吗？那老师可要考考你们，看看你

们有没有那个能力照顾小兔子。

2.感知 5 以内的数

展示课件《点数 5 以内的物体》，引导幼儿感知 5 以内的数。如图中有几块面包，用数字几来表示。

3.游戏：照顾小兔子

师：看来我们小朋友都很聪明，有能力照顾小兔子。那你们知道怎么照顾小兔子吗？

（1）教师讲解操作规则，并请个别幼儿示范。

①领任务

从盘子里选择一张任务卡（数卡），由任务卡决定要照顾几只小兔子，从盘子里挑选要照顾的兔子的图片。

②给小兔子喂食物 ——小兔子肚子饿了，想吃东西了，我们给它们喂点食物吧！那我们应该喂几根萝卜呢？——哦，对了，有几只兔子就喂几根萝卜。兔妈妈说了一只兔子吃一根萝卜就够了，吃多了肚子会不舒服的。

③给小兔子选衣服

师：天好冷啊！兔妈妈给小兔子准备了好多衣服，我们给小兔子选衣服吧。

（2）幼儿自主操作，教师指导

观察幼儿的操作，并适时给予指导；做完任务的幼儿经教师检查后可以更换任务卡，继续操作。

（3）教师根据幼儿操作情况进行小结。

4.和小兔子做游戏

师：看来小朋友把小兔子照顾得很好，小兔子想和你们做游戏，一起来玩吧！

教师带领幼儿一边读儿歌，一边表演。儿歌《小兔子》：一只小兔蹦蹦跳，两只小兔啃萝卜，三只小兔荡秋千，四只小兔转圈圈，五只小兔拍手笑。

八、主题活动中的生活活动创设

活动一：我给小兔子择菜

活动目标：

1.认识蔬菜，初步了解吃绿色蔬菜对身体有好处。

2.通过尝试操作活动，学习用正确的方法择菜叶。

3.产生愿意劳动的想法，体验劳动的乐趣。

指导重点：在让幼儿自由尝试择菜时，教师在提供的材料上要有一定的层次性。第一次给幼儿准备的蔬菜是相对较小的芹菜，叶子不多，这样幼儿在没有掌握正确方法的情况下就不会出现时间的隐性浪费。第二次的芹菜就比较大，叶也多，这样更有利于幼儿掌握正确的方法。

活动二："我的兔子收纳包"

活动目标：通过摆弄兔子收纳包，提高幼儿小肌肉的灵活性。

指导重点：教师和幼儿一起操作兔子收纳包，鼓励幼儿大胆进行尝试。

九、主题创设反思

在这个以小兔子为主题的活动中，激发了幼儿对动物的兴趣，更好地让幼儿感受到了兔子给春天带来的美好气息。可爱的小兔子，不仅有美丽的外形，还有生动的表情和心理，在这个过程中，更好展示了动物的逼真形象，使得幼儿感受到迷人的动物世界。同时，在幼儿的涂鸦作品中，展示了儿童对兔子的设计。在对兔子的形象设计中，更好地将动物的形象进行了自我的色彩展示，实现了对动物形象科学合理的再现。

在这次活动中，幼儿通过观察、饲养、制作等一系列活动，对兔子的生活习性和外形有了更深一步的了解。在说一说、做一做中，提高了语言表达能力和动手能力，幼儿社会性得到进一步提升。

教学活动反思：

语言活动"小兔子找太阳"：这堂活动设计从幼儿的生活实际出发，围绕小兔子找太阳这条线索，趣味性浓，是幼儿喜欢的方式。在引导幼儿学习讨论中，运用简笔画的方式来帮助幼儿理解并记忆故事，用丰富的学习方式克服幼儿注意力易分散的缺点，使幼儿始终保持对故事的兴趣。通过拓展性的谈话，发散幼儿思维，再次回归生活，通过观察、归纳、概括，在现实物品中找特征。

体育活动"小兔蹦蹦跳"：1.情景教学符合小班幼儿认知特点，小班幼儿思维特点是直觉行动性，所以创设情境辅助教学显得格外重要。彩虹圈、小兔头饰、胡萝卜这些教具在教学中起到了很大的作用。老师扮演兔妈妈，小朋友扮演兔宝宝，使大家进入游戏情景角色中，体现了以游戏为主的教学活动。还有彩虹圈，这个教具也起到了一物多用的教学效果，它的多变性打开了幼儿的想象空间，一会儿变成公共汽车，一会变成可以跳过去的障碍物。幼儿在乐此不疲的游戏中完成了预设的教学目标。2.有趣的活动贴近幼儿生活，符合小班幼儿的认知特点，教师在教学中善于观察幼儿的所思所想，恰如其分地当好指导者和观察者，如教师问："请你说一说，小兔是怎么走路的？"让孩子自由表达并探索。最后请做得好的小朋友上来示范，营造一个宽松自由的课堂环境，树立随机教育意识，在开心的游戏中完成预设的活动目标。3.尊重幼儿动作发展特点。小班幼儿跳跃能力发展方面，自然发展的特点是起跳动作意识差，蹬伸力量弱，速度慢，摆臂助跳意识差，动作协调配合差。而本次体育活动教师以兔妈妈带领小兔拔萝卜的游戏让孩子在欢乐的游戏中学会正确的双脚并拢向前跳的动作技能，再通过给"兔奶奶过生日"的情境游戏增加游戏的跳跃难度，让活动富有挑战性，最后以"帮兔奶奶做菜"放松，一起享用美味的大餐。整个活动环环相扣，层层递进，孩子从游戏中习得技能，教师教态亲切，语言简洁明确，活动目标完成良好。

健康活动（孤独的小兔）：鉴于在今天独生子女盛行的年代，越来越多的孩子在生活中都会不知不觉地习惯孤独。并不是说孤独是一件坏事，只是在这孤独包装下，大多数人都有着一颗敏感容易受伤的心。于是，曾经让我们熟悉的合作精神渐渐风吹云散。纵然是在这样一个分工精细的年代，我们更加是需要远离孤独，走向合作，这是一个需要从小就应该培养的心理素质。

社会活动（兔宝宝不要哭）：以幼儿比较感兴趣的情境表演展开，在活动中，时时给幼儿创设条件，让他们亲自参与，整个活动幼儿一直处于帮助小兔的状态，使幼儿充分感受到帮助别人的快乐，同时也感受到"别人快乐我也快乐"的愉悦之情。

蜜蜂王国

班级：小三班　撰稿教师：刘佳丽 李晓慧

一、学情分析

本学期我班共有幼儿 25 名，其中男孩 13 名，女孩 12 名。这些孩子活泼开朗，但个性鲜明。由于小班幼儿年龄小，很多事情，家长都愿意包办，所以小班幼儿普遍存在不良的生活习惯。但在集体生活中大部分幼儿能听懂老师的指令，并能用简单句表达自己的基本意思，好奇心强，爱模仿，喜欢听音乐并用简单动作表达情绪。

《幼儿园教育指导纲要》中指出："幼儿的活动内容应贴近幼儿的生活"。我们由身边常见的动物"小蜜蜂"为主题，让幼儿通过观察、模仿、讨论等活动，从而使幼儿喜欢上幼儿园，适应幼儿园的集体生活，并促进幼儿养成良好的生活习惯和行为习惯。

二、主题来源

小班幼儿年龄段中，幼儿常以自我为中心，而且幼儿来自不同的家庭，有着不同的生活习惯，所以在初入园阶段有一些不良的生活习惯、行为习惯都一一呈现出来了。例如：争抢玩具、不物归原处、挑食、不排队等，如何使他们改掉不良的生活习惯，并且喜欢来幼儿园，适应集体生活，成为了小班上学期重要的工作之一。

针对幼儿不良生活习惯问题，我们以幼儿喜欢的动物"小蜜蜂"进行主题活动。首先可以让"小蜜蜂"和小朋友们成为好朋友，小朋友们可以在建构区为"小蜜蜂"搭建房子；在搭建房子的时候，小朋友需要选择自己需要的材料，不能争抢，小朋友还可以到图书区，阅读自己喜欢的书籍，但是需要按照墙饰中出示的阅读步骤，一页一页翻书，看完后要把书送回原位。根据幼儿需求，我们还可以开设甜甜蜂蜜坊、蜂巢快递、"小蜜蜂"等充满童趣又能够引导幼儿养成良好习惯的新环境。

三、主题网络图

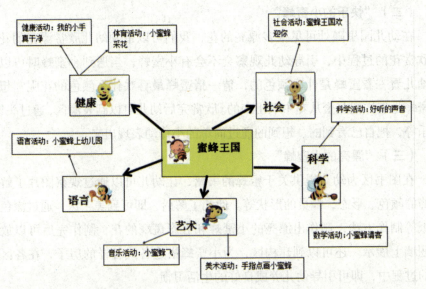

四、主题活动总目标

（一）引导幼儿喜欢幼儿园，适应幼儿园集体生活。

（二）引导幼儿愿意与他人交往，并鼓励幼儿积极参与集体生活。

（三）教育幼儿与同伴共同活动时不争夺或独占玩具。

（四）激发幼儿从事简单的自我服务性劳动的兴趣。

（五）引导幼儿初步掌握日常生活中常用的礼貌用语。

五、主题活动具体实施

本次主题活动围绕"小蜜蜂"开展，在日常生活中，幼儿经常会看见小蜜蜂，所以对蜜蜂也会有一定的了解，例如蜜蜂是黄色的，蜜蜂会在花丛中跳舞、采蜜等。基于幼儿已有经验，把主题活动主要设置为三部分。

（一）"勤劳的小蜜蜂"

在班级主题墙，有很多小蜜蜂、花等材料，这些材料都是可以活动的，幼儿可以根据自己的喜好让小蜜蜂在主题墙的花丛中采花蜜、跳舞、做游戏等。

从而促进幼儿之间友好的相处，让幼儿喜欢与人交往，并适应集体生活。

（二）"快乐的小蜜蜂"

在幼儿园里随处可见很多漂亮的花，我们可以带领幼儿欣赏漂亮的花，在欣赏花的过程中，引导幼儿观察会不会有小蜜蜂，当遇到小蜜蜂时可以引导幼儿看一看蜜蜂是什么颜色的，猜一猜蜜蜂最喜欢什么颜色的花呢？想一想蜜蜂是怎样把花蜜从花中取出来的。欣赏完后幼儿可以到表演区，通过头饰、音乐等，把自己看到的、想到的通过简单的小律动表现出来。

（三）"漂亮的小蜜蜂"

在图书区为幼儿提供关于蜜蜂的书籍，让幼儿可以通过观察图片了解小蜜蜂的颜色、形态，蜂巢的形状等。幼儿了解后，即可到美工区，通过涂色、撕纸等制作方法，制作出漂亮的小蜜蜂和五彩斑斓的花，制作完后可以放在主题墙上展示。还可以到建构区，为小蜜蜂搭建各式各样的房子，在各区域玩的过程中，即可引导幼儿养成良好的生活习惯。

六、班级生活区域创设

（一）蜂巢快递

《幼儿园教育指导纲要（试行）》中指出："幼儿的活动内容应贴近幼儿的生活"。随着信息时代的发展，快递在我们日常生活中起着重要的作用，平时小朋友们也会经常和爸爸妈妈一起收快递、寄快递等，对快递也有一定的了解，所以我们设置了蜂巢快递，在驿站中小朋友们可以扮演快递员、需要寄快递的小蜜蜂等角色进行游戏。在游戏过程中小朋友通过收发快递环节学习礼貌用语，前面有人时要学会排队等候、不拥挤。在驿站墙上可以通过图片的方式，引导幼儿形成不能大声喧哗、不能来回跑动等行为规范，通过游戏让幼儿产生兴趣，在游戏过程中潜移默化地让幼儿养成良好的行为习惯。

（二）甜甜蜂蜜坊

《幼儿园教育指导纲要（试行）》中指出："应保证幼儿身体健康，不挑食，在集体生活中心情愉快"。因为小朋友们分别来自不同的家庭，有着不同的生活、饮食习惯，所以在入园初期，部分小朋友会出现挑食、厌食等情况。我们创设了甜甜蜂蜜坊，在蜂蜜坊中为小朋友们提供蜂蜜制作的各种食物，还有小蜜蜂喜欢的各种花形的主食和蔬菜，提供橡皮泥给小朋友们制作美食。让幼儿可以在游戏中通过制作美食、分享美食对食物产生兴趣。

在健康活动中，可以用蜂蜜坊中的小蜜蜂贪吃蜂蜜为例，引导幼儿不能多吃甜食，要多吃蔬菜、水果。小蜜蜂不挑食了才能身体健康，才能采更多花蜜，小朋友们不挑食了才会身体健康，不生病。

七、班级区域活动创设

（一）建构区：各式各样的蜂巢

区域目标：

1. 运用不同材料进行拼搭，探索不同玩法。

2. 喜欢与同伴交流，表达自己搭建的发现和感受。

3. 初步体验规则的作用。

区域材料：木制积木、卫生纸筒、泡沫砖、各种动物模型等。

开展过程：通过日常生活经验，幼儿已经对小蜜蜂和蜂巢有了一定了解，但是由于年龄特点，在搭建的过程中会出现不知如何操作的现象。针对此现象我会以教师自身为影响媒介，亲身介入到幼儿区域活动过程中，运用平行活动方式进行指导，我会在空间距离上接近幼儿，并用和幼儿相同的活动材料，进行和幼儿相同的活动。运用自身行为的榜样示范和暗示的作用，对幼儿的自由活动进行指导。

（二）美工区：漂亮的花园

区域目标：

1. 初步学会用水彩笔涂色。

2. 尝试用自己喜欢的颜色进行装饰活动。

3. 养成用完材料放回原处的好习惯。

区域材料：水彩笔、各种花、蜜蜂纸张。

开展过程：美工区是幼儿非常喜欢的区域之一。幼儿通过观察，丰富想象力，猜想小蜜蜂最喜欢什么颜色的花，尝试用好看的颜色进行装饰。还可以以小蜜蜂穿新衣为题，让幼儿展开想象，给小蜜蜂设计颜色不一的新衣服。进行装饰后，教师可以引导幼儿把自己的小花和小蜜蜂放到主题墙花园里进行活动。

（三）植物角

区域目标：

1.引导幼儿做力所能及的事情，定期给小花浇水。

2.观察小花，引导幼儿观察小花开放的过程。

区域材料：各式各样、各种颜色能开花的植物、浇水工具。

开展过程：为了让幼儿更加直观地欣赏花开的过程，在植物角投放了各种能开花的植物。幼儿通过观察，可以了解到花有不同的形状、很多的颜色。要学会爱护小花，不能随意采摘。在小花刚长出花骨朵的时候，可以带领幼儿对小花的颜色进行猜想，并用颜色学会记录，等到花开，看一看自己猜的对不对。

（四）表演区

区域目标：

1.通过角色模仿，提高幼儿表现欲望。

2.通过音乐，可以做出简单的律动。

3.初步学会等待、轮流、分享，能判断一些简单行为的对与错。

区域材料：蜂巢情境装饰、各种乐器、头饰、音乐等。

开展过程：表演区是一个非常有趣的区域，小班幼儿入园初期，会被表演区的情境装饰、各种乐器、头饰所吸引，非常愿意参与到活动中，可是在活动进行过程中，幼儿会出现不会表达、不会合作等现象，这时我们会使用一种比较常见的指导方式"合作活动方式"。在幼儿专注于自己的自由活动时，教师会以活动合作者的身份加入到幼儿的活动过程中，对活动施加教育影响，但仍然由儿童自主掌握活动过程。

例如幼儿可以利用蜂巢的环境创设进行游戏，幼儿戴上头饰表演小蜜蜂采蜜、在花园里玩或是通过音乐表演蜜蜂跳舞等游戏，这时教师也可以戴上头饰，扮演"小蜜蜂"的好朋友，与它们一起做游戏、一起跳舞；或是在蜂巢里扮演

蜜蜂宝宝，引导幼儿扮演蜜蜂妈妈来照顾蜜蜂宝宝等，从而在游戏中对幼儿进行潜移默化的教育。

（五）图书区

区域目标：

1. 能够一页一页地翻书，爱护图书。

2. 在教师的指导下初步理解画面内容。

3. 引导幼儿看完书放回原位，养成良好的生活习惯。

区域材料：蜜蜂有关的图书、图片等。

开展过程：小班幼儿刚入园时，还不能完全独立地观察和理解书里的内容，这时教师会走进图书区域，为幼儿讲读画面内容，让幼儿更好地理解内容，幼儿通过观察、理解画面，可以对小蜜蜂的颜色、形态、生活习惯等有所理解。幼儿还可以把看到的小蜜蜂游戏情节运用到表演区，进行游戏表演。在图书区墙上，教师还会用图画的形式，引导幼儿养成在看书的时候爱护图书、不能争抢，学会分享，看完书后要放回原处等行为习惯。

（六）益智区

区域目标：

1. 锻炼幼儿手眼配合能力，训练小肌肉的发展。

2. 愿意和小朋友一起游戏，能初步感受与同伴一起操作、交流的快乐。

区域材料：蜜蜂大块拼图、蜂巢磁铁迷宫、亿童玩具。

开展过程：通过观察，发现小朋友都非常喜欢到益智区域来玩，因为里面有他们喜爱的玩具，还可以和好朋友一起游戏，但是由于小班幼儿的年龄特点、生活经验相对缺乏，他们并不能很有目标有目的地玩，这时我们教师就要对投放材料进行有计划、我目的地分批投放，让材料由简单到有一定难度的投放，不断地吸引幼儿对活动的兴趣，使他们可以对材料有新鲜感。

首先我们班幼儿对蜜蜂的外形特征都

有了一定的了解，最初我们可以投放大块的蜜蜂拼图，根据幼儿已有的经验，对拼图进行操作；熟悉拼图后我们还可以投放蜂巢迷宫等磁铁玩具，让幼儿通过游戏，使手部小肌肉得到锻炼；最后可以投放一些蜜蜂采花蜜等数物对应的玩具。让玩具不断更新，游戏也由简单到难等方法吸引幼儿。

（七）科学区

区域目标： 感知和发现周围物体的形状是多种多样的，对不同的形状感兴趣。

区域材料： 亿童玩具、自制玩具、幼儿感兴趣的图片等。

开展过程： 投放各种形状的玩具，让幼儿对形状可以直观地了解和比较。还可以投放各种蛋糕的图片，让幼儿通过观察来了解形状的多种多样。

八、集体教育活动

活动一：社会活动——蜜蜂王国欢迎你

活动目标：

1.初步了解幼儿园生活。

2.能开心来园，乐于与同伴进行游戏。

活动准备：

经验准备：在幼儿园班级里已经看到了各种装饰的小蜜蜂。

物质准备：多媒体课件《我不要》、音乐《拉个圆圈走走》、布偶玩具小蜜蜂。

活动过程：

1.游戏导入

教师出示布偶玩具。师：小朋友们快看，今天咱们班来了一位新朋友，是谁呀？（生：是小蜜蜂）今天小蜜蜂要和小朋友们一起做个游戏，游戏的名字叫作"拉个圆圈走走"。

2.分享绘本故事《我不要》

（1）师：刚和小蜜蜂的游戏好玩吗？可是你们知道吗，今天早晨小蜜蜂是不愿意来上幼儿园的，我们来看一看发生了什么事情吧。（出示 PPT）

（2）师：故事中小蜜蜂妈妈说小蜜蜂要去上幼儿园了，小蜜蜂愿不愿意呀？那接下来发生什么事呢？让我们继续往下看。

（3）此方式逐个播放 PPT 图片，引导幼儿进行讨论。

小结：小蜜蜂在幼儿园里和小朋友一起游戏，一起画画，还能一起睡觉，他们在幼儿园里很开心，那小朋友们是不是和小蜜蜂一样在幼儿园里有很多有趣的事情呢？那以后小蜜蜂每天都在幼儿园里等小朋友好不好呀？小朋友们每天都要开开心心来幼儿园和小蜜蜂做游戏哦！

3.活动结束，游戏"找朋友"

小蜜蜂在操场上等着我们和它一起玩"找朋友"的游戏呢，我们快去找它吧。

活动二：数学活动——小蜜蜂请客

活动目标：

1.初步了解物体之间——对应的关系。

2.在操作及游戏活动中，感受对应的关系。

3.乐于参与集体游戏活动。

活动准备：

经验准备：已认识小蜜蜂、小刺猬、小猫等动物。

物质准备：PPT 课件、大象卡片若干、香蕉卡片若干、胶棒、小贴画。

活动过程：

1.故事导入，引出主题

师：小朋友们，今天我们班来了新朋友，我们一起看看是谁来了呀？（播

放小蜜蜂、木头任意排列的 PPT）

师：小蜜蜂准备这么多的木头像要做什么？（想盖一座房子）可是它遇到了什么困难呀？（一个人搬不了那么多）那怎么办呢？（小蜜蜂请来了它的好朋友们来帮忙，每个人搬一根木头。）

2. 师幼互动，引导幼儿了解——对应的关系

师：我们来看一看，小蜜蜂都请谁来帮忙了。（播放一只小刺猬、一根木头 PPT）

（1）提问：谁来了？喔！原来是请来了一只小刺猬，可是小刺猬的力气太小了，老师要来帮一帮它，一只小刺猬要搬一根木头（教师示范、演示，引导幼儿了解——对应的关系），小刺猬搬了几根木头呀？

（2）师：小刺猬只能帮忙搬走一根木头，那我们再看看还有谁来了。（播放两只小猫、两根木头 PPT）

（3）提问：小蜜蜂请来了几只小猫？（两只）那小猫能搬走几根木头呀？（强调一个小动物搬一根木头）（请幼儿操作，引导幼儿感受——对应的关系）

（4）分别在请出三只小白兔、四头小牛、五头大象和相对应的木头之后，分别请幼儿操作，感受——对应的关系。

3. 幼儿动手操作，再次感受——对应的原则

（1）师：这么多的小动物帮助了小蜜蜂，小狗的新房子很快就盖好了。（播放小狗、盖好的房子 PPT）为了感谢大家的帮忙，小蜜蜂邀请小动物们来自己的新家做客。

（2）师：小动物们都已经坐好了，小蜜蜂要给大家分美味的食物啦，小刺猬要吃一个大苹果（教师示范、演示，引导幼儿了解——对应的关系）剩下的小猫、小白兔、小牛分别请幼儿操作感受——对应的关系。

（3）师：小蜜蜂突然发现小刺猬、小猫、小白兔和小牛都来家里做客了，可是少了谁呢？（播放大象 PPT）

（4）师：哦，原来大象伯伯到幼儿园来找小朋友玩了，想请小朋友们帮忙分香蕉呀。小朋友们请看自己的面前都有一份材料（幼儿人手一份学具：5张大象、5张香蕉卡片）我们所有小朋友都来帮大象分香蕉好不好？（教师说明操作要求，幼儿自主操作，教师巡回指导，帮助有需要帮助的幼儿）

4. 活动结束

师：小朋友们都帮助大象伯伯分完了香蕉，我们来听一听大象伯伯有什么要对我们说的。（播放大象语音：谢谢所有小朋友的帮助，我太开心了。引导幼儿说：不用谢）

活动三：科学活动——好听的声音

活动目标：

1. 尝试辨别生活中不同的声音，在玩瓶子过程中，辨别声音的大小。

2. 培养幼儿对事物的好奇心，乐于大胆实验和探索。

活动准备：

经验准备：能有辨别日常生活常听见的声音能力。

物质准备：PPT、每人1只塑料小瓶置于椅子下面、小盆4个、黄豆若干。

活动过程：

1. 谜语导入

师：圆圆脑袋一座山，兄弟两人住两边，各种声音能听见，你有我有大家有。打一个身体器官（耳朵）

2. 辨别生活中各种声音，引发幼儿兴趣

（1）教师播放幼儿笑声。师：这是什么声音？谁的笑声啊，是大人的还是宝宝的笑声？

（2）你们猜对了，这是小宝宝夜里睡觉做梦发出的笑声。可是天亮了，妈妈要请一个小动物来叫醒这个小宝宝，你听听是哪个小动物叫醒宝宝的？（播放公鸡叫声，幼儿：大公鸡）那除了公鸡会叫宝宝起床，还有什么小动物会叫呢？分别请幼儿模仿叫声。

（3）会叫的动物有很多很多，所以妈妈可以请许多小动物来叫小宝宝，宝宝被叫醒了，（播放洗手声音）咦！宝宝现在在干什么？（洗手、洗脸）对洗手、洗脸的时候会发出什么声音？（哗啦啦）

（4）洗完手、洗完脸，宝宝该上幼儿园了，宝宝坐着宝宝的汽车（出示汽车图片）上学了，汽车在马路上会发出什么声音呢？（滴滴滴、嘟嘟嘟嘟）

3. 小实验：空瓶子的声音

师：在我们的日常生活中处处都会有声音，我们现在一起来做一个关于声音的实验吧。

（1）师：把瓶子拿出来玩玩，瓶子有声音吗？怎样让它发出声音呢？启发幼儿明白瓶子是因为装了东西而发出声音的（教师倒出黄豆证实）。

小结：瓶子碰撞某个地方就能发出声音。

（2）小朋友们，你们的座位下也都有一个瓶子，你们想让你们的瓶子发出声音吗？现在请把桌上的黄豆也装进你们的瓶子里，然后摇一摇、听一听吧。

（3）师：老师这里现在有两个瓶子，我来摇一摇，请小朋友们听一听瓶子发出的声音一样吗？（不一样，一个响声大一个响声小）怎么回事呢？幼儿讨论并发表自己的见解。

（4）教师小结：用力大小不同，发出的声音就不同。

4. 摇瓶子游戏——大猫和小猫

师：小朋友们知道了瓶子声音的秘密了，我们一起来表演大大的声音和小小的声音好吗？当音乐响起时，小朋友可以做动作一起表演，当听到喵喵叫声的时候，你可以用自己手里的瓶子来表演哦。（伴奏：我是一只大猫，我的声音很大，喵喵喵喵喵喵，我是一只小猫，我的声音很小，喵喵喵喵喵喵）

活动四：健康活动——我的小手真干净

活动目标：

1. 了解洗手的重要性。

2. 学习正确的洗手方法。

3. 初步培养良好的卫生习惯。

活动准备：

经验准备：认识棉签。

物质准备：棉签每人 1 根、洗手图片、七部洗手法步骤图。

活动过程：

1. 谈话导入

师：今天，老师给小朋友介绍一位新朋友。请看（出示棉签宝宝），它的头上有白白的棉花，身体呢是一根小棍，它是谁呀？没错，它就是棉签宝宝，现在，棉签宝宝想看一看谁的小手最干净，我们来用棉签擦擦小手，看看，会发生什么事情。

2. 根据实际操作进行讨论

（1）师：你的小棉签还是白白的吗？变成什么颜色的了？没错，它变黑了，为什么会发生变化呢？（因为棉签擦了小手，就变黑了）

小结：我们每天都要用手摸很多的东西，小手就会粘上很多细菌，这些细菌会趁小朋友们吃东西的时候溜进嘴里，那样的话小朋友就会生病的，所以我们要常洗手，养成饭前、便后要洗手的好习惯。

（2）师：那小朋友你们都会洗手吗？谁愿意给大家展示一下你都是怎样洗手的呢？（请个别幼儿演示如何洗手）

（3）师：小朋友们，原来洗手有这么多的步骤呀？那我们来看一看你们的洗手步骤是不是正确？（出示 PPT 请幼儿欣赏）

（4）师：我们洗手有几个步骤呀？分别是什么呢？那现在请小朋友们和老师一起演示一遍如何洗手。打开水龙头、小手淋湿、摸摸小肥皂、搓搓小手、小手冲干净、关上水龙头、擦擦小手。

（5）洗手的步骤小朋友都记得特别地清楚，那我们都需要在什么时候洗手呢？（引导幼儿讨论）

3. 活动结束

师：小朋友，现在我们都知道了洗小手的方法了，让我们一起将小手洗干净吧！

活动五：语言活动——小蜜蜂上幼儿园

活动目标：

1. 喜欢听故事，理解故事内容。

2. 认识新朋友，学习和新朋友一起玩，学会简单的句子：××，请你和我一起……

活动准备：

经验准备：已认识小蜜蜂、小鸭、小鸡等动物。

物质准备：PPT课件，音乐《小蜜蜂》，故事录音，小蜜蜂图片，小蜜蜂、小鸭、小鸡、青蛙头饰。

活动过程：

1. 音乐导入

（1）播放音乐《小蜜蜂》请幼儿欣赏。

（2）小朋友们，刚刚歌曲里面唱的是哪个小动物呀？

（3）你们知道吗？小蜜蜂也要上幼儿园，我们来看看它是怎么上幼儿园的。下面老师给小朋友讲一个故事，题目叫《小蜜蜂上幼儿园》。

2. 教师讲故事，幼儿理解并感知故事情节

（1）教师第一遍完整讲述故事并提问，幼儿初步理解故事内容。

提问：故事题目叫什么？故事里有哪些小动物？

（2）教师结合图片，分段讲述故事，引导幼儿进一步理解故事情节。

（3）观察PPT第1幅图，提问：小蜜蜂第一天上幼儿园，幼儿园里的人它都不认识，它的心情怎样？小蜜蜂害怕的时候，它是怎么做的呀？请幼儿一起表演小蜜蜂害怕时用手捂住脸的动作。

（4）观察PPT第2至5幅图，提问：小蜜蜂在幼儿园遇到谁了？它为什么哭了？

（5）观察PPT第6幅图，讲述并提问：最后小青蛙、小鸭子、小鸡和小蜜蜂怎么样啦？心情是害怕还是开心？（小蜜蜂有了好朋友，大家一起玩又唱又跳，很开心。）

（6）学习词语："邀请"。教师分别扮演小鸡、小鸭、小青蛙，请幼儿扮演小蜜蜂，表演邀请："××，请你和我一起玩吧。"

教师和幼儿交换角色表演。

3. 拓展故事，迁移幼儿已有的生活经验，鼓励幼儿谈谈自己的体会

（1）谈话交流：你们刚来幼儿园的时候，心情是什么样的？

我们班级也有新来的小朋友，他也像小蜜蜂一样害怕，我们应该怎样帮助他？（如：跟他说我们一起玩、请老师抱抱他、大家一起安慰他、分玩具

给他玩、请他和我们一起看书……）

（2）教师请出新生，让幼儿记住他们的名字并邀请他们一起玩，学说简单句："请你和我一起……"

4. 活动结束

师：故事里的小蜜蜂后来每天都是开开心心地上幼儿园，你们也要学习它，每天开心来幼儿园上课好不好呀？

活动六：音乐活动——小蜜蜂飞

活动目标：

1. 认真听歌曲，学习用简单的身体动作随音乐有节奏地触碰身体的相应部位。

2. 尝试用小碎步表现蜜蜂飞的动态，在随乐表演动作中体验音乐的美好与快乐。

活动准备：

经验准备：已经认识蜜蜂。

物质准备：小蜜蜂实拍图，歌曲《小蜜蜂飞》，花园场景图、打印小蜜蜂制作成首饰，人手1个。

活动过程：

1. 活动导入

播放蜜蜂实拍图，引导幼儿初步了解蜜蜂。

师：小朋友们，你们的好朋友小蜜蜂又来咱们这里做客啦！大家仔细看看，它身体上都有什么颜色？它的眼睛长在什么地方？它有几条腿？（引导幼儿观察小蜜蜂外形）。小蜜蜂想和我们做游戏，我们一起欢迎它。

2. 互动游戏："小蜜蜂捉迷藏"用非移动的律动动作初步感知、表现音乐。

（1）出示小蜜蜂首饰，以情境性的游戏口吻，引导幼儿熟悉歌曲所涉及的身体各部位，感知点点头、耸耸肩膀、拍拍膝盖、扭扭屁股等动作。

（2）请小朋友们和老师一起边听音乐边做动作：小蜜蜂飞到头上——点点头向它问好；小蜜蜂飞到肩膀——耸耸

肩膀逗逗它；小瓢虫飞到膝盖——拍拍膝盖欢迎它；小蜜蜂飞到屁股——扭扭屁股和它交朋友。

3.播放歌曲《小蜜蜂飞》，尝试用身体动作表现歌曲

（1）师：小蜜蜂玩得好开心呀，它要请你们听一首好听的歌曲，小朋友们听听歌曲中的小蜜蜂飞到我们身体的哪里，让我们听着音乐和小蜜蜂一起做游戏吧！小蜜蜂飞到哪儿，小朋友们就用相应的动作和它打招呼。

（2）引领幼儿跟随音乐，用优美而有节奏的身体动作表现歌曲的内容和情感。

4.游戏"小蜜蜂找朋友"，体验随乐律动的有趣与快乐

（1）幼儿戴上小蜜蜂首饰，站起来学习小碎步的移动动作，感受小蜜蜂的轻盈；在游戏情境中，运用身体动作进一步感受和表现音乐。

（2）小蜜蜂等会儿会飞到哪儿呢？飞到哪儿呀，我们就让小蜜蜂停到哪儿，碰一碰它。

（3）小朋友们想一想，小蜜蜂还可以飞到哪些地方呢？（手臂、肚子、耳朵、鼻子等，引导幼儿用动作积极互动）。

5.活动结束

师：刚刚的小蜜蜂游戏是不是特别地好玩呢？那我们一起带着小蜜蜂去幼儿园里的小花园做游戏吧。看看小蜜蜂喜欢哪些颜色的花呢？

活动七：美术活动——手指点画小蜜蜂

活动目标：

1.掌握用手指点画梅花的方法，养成保持画面整洁干净的良好习惯。

2.体验点画活动的快乐和成就感。

活动准备：

经验准备：幼儿在日常生活中已经见过蜜蜂。

物质准备：绘画范例大图、小蜜蜂的图片若干、画纸人手1份、调好的颜料每组幼儿1份、抹布若干。

活动过程：

1.活动开始

（1）谜语导入

师：小朋友，我们来猜一个谜语好不好？小小虫儿真可爱，飞到东来飞到西，飞来飞去采花蜜，酿出蜜来人人夸。请小朋友们猜一种小动物。（蜜蜂）

（2）观察蜜蜂外部特征

师：对了，就是小蜜蜂，我们一起来看一看吧。（出示蜜蜂图片）小蜜蜂是什么颜色的呀？它的身体都由什么组成呀？（头、眼、身体、翅膀、脚）对了，除了这些，小蜜蜂的头上那是什么呢？（引导幼儿想象头发、天线等）老师告诉你们，那是蜜蜂的触角。

2. 欣赏范画

我今天给小朋友们就带来了一幅小蜜蜂的画，这幅画的小蜜蜂不光是用画笔画的，而是用我们身体的一个部位点画出来的，猜猜是哪里？（手指）

3. 教师示范

师：请你们现在先观察我是怎样用手指点画小蜜蜂的，我是用哪根手指的哪个部位？（食指指腹）指腹就是摸起来软软的这个地方，沾少许的颜料轻轻地点上去，如果用手指尖蘸颜料点出来就太小了！先点个圆圆的脑袋，脑袋下面再点一个圆圆的身体，除了脑袋和身体还有哪个部位呢？（翅膀）对，要在身体的两侧再点上身体，最后我们可以用画笔再给小蜜蜂添加上眼睛、触角和脚。可爱的小蜜蜂就完成啦！

注意：不要到处点，保持画面干净；要先点蜜蜂的头、身体、翅膀然后再给蜜蜂添加眼睛、触角和脚。这样颜料就不会弄到衣袖上了，手指上的颜料不要往身上抹哦，桌子上有小抹布，要在抹布上把颜料擦干净。画完的小蜜蜂不要立刻用手摸哦，因为颜料没有干呢，要等一会儿再摸。

4. 幼儿操作

师：你们想不想用自己的小手来完成这样一幅可爱小蜜蜂的画？颜料和纸，老师已经准备好了，小朋友们开始吧！

5. 作品展示

师：小朋友，你们谁愿意来说一说你最喜欢哪一幅作品？为什么呢？

活动八：（一）集体游戏——小蜜蜂来采花

游戏目标：

1. 锻炼幼儿钻的能力。

2.发展幼儿动作的协调性及灵敏性。

游戏材料：小蜜蜂头饰若干，花（红、黄、蓝三色）卡片若干、小篮子3只。

游戏玩法：

1.幼儿按颜色分为红、黄、蓝三组，钻过障碍花园后，取回与自己颜色相对应颜色的花，快速跑回起点，把小花放到篮子里，速度最快的小组获胜。

2.幼儿每人一朵颜色的花，贴在身上，然后按颜色找朋友。朋友最多的组获胜。

（二）分散游戏：——蹲蹲小蜜蜂

游戏目标：

1.锻炼幼儿跑的能力。

2.发展幼儿动作的协调性及灵敏性。

游戏材料：每人一张小蜜蜂贴图贴在胸前。

游戏玩法：幼儿站成一个圆圈，两手握拳伸向前方，一个幼儿自左往右挨着每一个幼儿一边指点，一边说：蹲蹲小蜜蜂，捉不牢就要飞。"飞"字落在哪位小朋友身上，哪个幼儿就做捉的人，其余幼儿做小蜜蜂，在规定场内自由地飞、跑。这时捉小蜜蜂的人就可以去捉了。当小蜜蜂蹲下时，就不能再抓了，抓到两只后，游戏重新开始。

九、社会领域园本课程创设活动反思

（一）班级区域活动创设活动反思

《幼儿园教育指导纲要（试行）》中指出："幼儿的活动内容应贴近幼儿的生活"，我们由身边常见的动物"小蜜蜂"为题贯穿整个主题活动。著名的教育学家蒙台梭利在"自由与纪律"的论述会上指出："纪律是一种积极的状态，是建立在自由的基础之上的。"她认为，儿童在活动室里自愿地、有目的地活动，每个人都忙于自己的"工作"，安静地走来走去，有秩序地取放物品，并不会造成混乱，所以在区域创设的过程中，我们与幼儿共同探讨区域活动中的每一项规则，根据用幼儿感兴趣的话题营造出自由、轻松、自主的活动氛围。

（二）课程反思

《幼儿园教育指导纲要（试行）》里不论是内容的选择、活动的实施，还是一日活动的安排都是以幼儿为主，所以此次园本课程教育活动，我也是根据幼儿的生活、发展水平、兴趣等制定与进行的。在活动课程中，身为教师，我本着以关怀、接纳、开放的态度与幼儿相处，用心去营造一种温暖、和谐的学习氛围。在其中，强调了以游戏为基础，通过为幼儿提供形式多样、丰富有趣、便于操作的材料来激发幼儿的学习兴趣与积极性，着重于培养幼儿的全面性发展，尊重每一个幼儿的需要，满足幼儿的个体发展，努力使每一位幼儿都获得满足与成功。

长颈鹿乐园

班级：小一班   撰稿教师：蒋佳艺 张俊俊

一、学情分析

我们班的幼儿主要来源于燕山本地，有个别幼儿是外地户口，但他们都长期居住在燕山，对燕山的公园、交通等方面都有了解。班级中幼儿的男女生比例较协调，虽然幼儿的自理能力普遍比较弱，但大部分幼儿能听懂老师的指令，喜欢模仿小动物，听音乐喜欢进行简单的律动。

《纲要》中指出："幼儿的活动内容应贴近幼儿的生活"。因此我们的活动会引用小动物或者幼儿身边的小事为组织，并结合《幼儿园快乐与发展课程》进行备课。

二、主题来源

每年新生刚入园这段时间都是幼儿、家长以及教师最重要的日子。孩子们离开自己熟悉的家，来到了一个陌生的环境生活学习，往往容易焦躁不安，产生分离焦虑。如何使她们尽快消除焦虑和不安，并且喜欢来幼儿园，喜欢和老师、小朋友一起玩耍，成为了小班上学期工作的重中之重。

针对这一问题我们做了很多的准备工作，首先从颜色设计上，我们运用了黄色和绿色相结合，给孩子明亮、温暖的感觉，能激发幼儿的兴趣，让幼儿安静下来。其次我们运用幼儿最喜欢的长颈鹿进行主题活动，把长颈鹿拟人化，让长颈鹿姐姐带领大家一起探索班级，看看班级里都有什么？我们能在班级中做些什么？我们从哪里可以看到爸爸妈妈？帮助幼儿了解班级和小朋友的同时，缓解紧张的情绪。在娃娃家设置长颈鹿照片墙，贴上小朋友和爸爸妈妈的照片，让幼儿想家了，可以到娃娃家看看照片，给爸爸妈妈打电话。喜欢安静的小朋友可以到图书区看书，好动的小朋友可以到建构区为长颈鹿搭建房子，也可以去表演区听听音乐跳跳舞。根据幼儿的需求我们还可以开设长颈鹿救助站、长颈鹿小食堂、长颈鹿课堂等，为幼儿创设一个温馨、舒适、安全、充满童趣的新环境，安排丰富多彩的活动，帮助幼儿熟悉幼儿园生活，让他们能愉快地走进幼儿园，感受幼儿园的快乐！

三、主题网络图

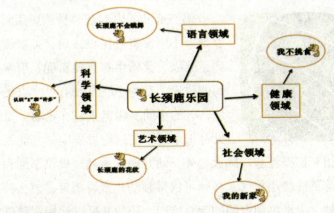

四、主题活动总目标

（一）情绪稳定，喜欢和同伴、老师在一起。

（二）知道班级中各区角的玩法。

（三）爱洗手、不挑食，养成良好的生活习惯。

五、主题活动具体实施

主题活动以长颈鹿作为贯穿始终的媒介，幼儿在日常的生活中对长颈鹿已经有了一定的了解，比如长颈鹿是黄色的，有点点的斑纹，它的脖子很长等。基于幼儿的已有知识经验，教师把活动的第一部分设置为"我来装饰长颈鹿"。在主题  墙上长颈鹿的点点斑纹以及幼儿的位置都是可以活动的，幼儿可根据自己的喜好进行摆放，促进幼儿之间相互沟通和交流。

 第二部分教师设计的是"昆虫飞飞"。开学时间是9月份，正是出去郊游的好季节，房山地区山多，多数景点都在山中，幼儿出去游玩会看到各种的昆虫，比如蝴蝶、蜜蜂、毛毛虫、瓢虫、萤火虫、知了等。教师会引导幼儿讨论，你在户外都见过哪些昆虫？

它们都是长什么样子的？它们都会不会飞？也可引导幼儿回家让爸爸妈妈帮助查询资料。然后教师打印或手绘出昆虫的样子并塑封，运用绳子和挂钩让昆虫们可以在主题墙上"飞"起来，同时在美工区投放带有昆虫轮廓的纸张，让幼儿自己涂色，教师帮助幼儿把昆虫作品贴到主题墙上。

第三部分的内容是"长颈鹿菜园"。长颈鹿带着小朋友看过昆虫之后，又带领小朋友来到了菜园，菜园中都有什么呢？引发小朋友之间的讨论，有的小朋友没有见过农民伯伯的菜地，有的小朋友跟老人住在老家，见过菜地也见过玉米地，在讨论过程中幼儿能调动自己的已有经验，相互扩充经验。除此之外，幼儿园也为教师提供了便利条件，在操场后面开辟了一块小菜园，教师可以带领幼儿观看蔬菜是怎么种出来的？从翻地、播种、浇水再到定期的除草施肥，让幼儿可以运用多种感官了解蔬菜的种植，同时在班级植物角投放花草和植物根茎，让幼儿进行照顾。主题墙中教师会在菜地上事先投放用不织布做好的蔬菜若干，有茄子、土豆、胡萝卜、西蓝花等，幼儿既可以用蔬菜去美工区绘画，也可以把蔬菜拿到娃娃家做菜，这样幼儿会对蔬菜的外形、生长过程、用途都有所了解，配合班级"长颈鹿小食堂"了解多吃蔬菜的好处。

第四部分的内容是"池塘里有什么"。在生活和游玩中到处都有池塘，你看到的池塘中有什么呢？幼儿可以在美工区运用绘画、捏泥、撕纸等方式做出小动物，投放到池塘中。由于考虑到幼儿的年龄特

点，我们决定在每位小朋友作品的旁边贴上他的头像，方便下次查找。

六、班级生活区域创设

（一）长颈鹿小课堂

小班上学期对幼儿来说是一个适应阶段，部分幼儿有挑食的现象，有的幼儿在家不吃胡萝卜、木耳，觉得木耳有"怪"味道，有的觉得木耳滑溜溜的不好吃，还有的小朋友不爱吃蘑菇等。根据《幼儿园教育指导纲要》中指出的"应保证幼儿身体健康，不挑食，在集体生活中心情愉快"，我们设置

了长颈鹿小食堂，在食堂中有各种蔬菜、主食和肉类，小朋友可以根据自己的喜欢把事物放进盘子和碗，但是主食一次只能选择一种，肉类和蔬菜一次也只能选择一种。这也符合了日常分餐的食用种类，潜移默化地影响幼儿吃饭要荤素搭配。

除此之外，在平时幼儿进餐的时候，我们会在幼儿进餐时讲解菜品的名字和食用价值，针对特殊幼儿进行特殊讲解，比如不爱吃木耳的幼儿，我们会轻声跟他说："你知道木耳会唱歌吗？你把他放进嘴里试一试。听到了吗？是不是很好听，再来试一下吧。"

在这面墙中，我们还融入了日常玩滑梯的安全教育。另外，结合我园的大象滑梯，我们制作了小朋友排队滑滑梯的场景，引导幼儿在游戏中注意秩序和安全。

（二）长颈鹿小讲堂

幼儿园安全问题一直是重中之重，因此我们开展长颈鹿小课堂，帮助幼儿了解班级和生活中的知识。今年，习总书记倡导大家要做好垃圾分类，把社区以及单位中的垃圾箱和垃圾的类别给出了明确的标准，幼儿从日常生活中了解一些相关知识，我们在小课堂中运用具体的事物，使幼儿加深垃圾分类的概念，为保护环境做出自己的贡献。

七、班级区域活动创设

（一）建构区：给长颈鹿搭房子

区域目标：

1. 运用搭高、围拢、延长的方法为长颈鹿搭房子。

2. 喜欢与同伴交流，表达自己搭建时的感受和发现。

区域材料：泡沫砖、高矮不同的长颈鹿、木质积木、薯片桶、动物模型等材料。

开展过程：小班幼儿因为年龄特点，往往不知道该怎么玩，他们对建构的材料感兴趣，对建构活动没有兴趣。针对这一情况，我们先是投放了幼儿喜欢的动物辅材，创设情景带领幼儿观察房子是什么样的？在建构区给长颈鹿搭建一半的房子，引导幼儿观察用什么材料搭建成的房子？房子搭完了么？引导幼儿根据老师的未完成品继续搭建。搭建完成后，引导幼儿自己组队搭建，待幼儿能够搭建这个高度后，投放更高的长颈鹿进行搭建。

幼儿在熟悉搭建后会有自己的想法，有的幼儿想要搭建长方形的房子，有的幼儿想搭建圆形的房子，这时老师会给予鼓励，根据幼儿的想法提供支持。小班很多幼儿是自己搭建房屋，我会引导想法相同的幼儿在一起搭建，比一比哪组搭建得快，并鼓励幼儿向别人介绍自己的作品。

（二）美工区：水中有什么

区域目标：初步学会使用水彩笔进行涂色。

区域材料：水彩笔、动物纸张。

开展过程：在与幼儿讨论过水中有什么之后，根据幼儿的想法打印出动物的轮廓，让幼儿能够自由涂色。当幼儿已经能够涂单色之后，引导幼儿思考它们有没有花纹？它们是只有一种颜色的吗？在美工区为幼儿提供简单的花纹和水中动物的图片，让幼儿可以根据图片绘画，同时鼓励幼儿自己想象，绘画出独一无二的动物。让幼儿自己挑选可以粘贴到主题墙的"池塘里有什么"的绘画作品，引发幼儿思考还能用什么材质制作？为下一步学习做铺垫。

（三）植物角

区域目标：

1.学会照顾植物，定期给植物浇水。

2.知道植物生长离不开水、空气和阳光。

区域材料：植物、浇水工具。

开展过程：我班的植物角分为观赏区和种植区，在观赏区我们放入了不同的植物，主要以绿叶植物为主，让幼儿在观赏的同时学习照顾植物，并观察植物的习性，有的植物需要勤浇水，有的植物不需要勤浇水。在种植区，我们投放了白菜根、芹菜根、土豆的种植，观察它们在土培的情况下能不能开花。在墙饰方面，我们用图画的方式，引导幼儿学会照顾植物。

（四）表演区

区域目标：

1.喜欢参加音乐活动。

2.能随音乐做简单的律动，初步体验
与他人沟通、交往的快乐。

区域材料：各种乐器、自制服装、音
乐、头饰等。

开展过程：在表演区中，投放幼儿喜欢的小动物头饰，在播放器中下载
小动物的叫声，让幼儿可以佩戴头饰进行模仿。同时下载幼儿喜欢的动画主
题曲或儿歌，让幼儿进行简单的律动。在墙饰中可以出示简单的律动动作，
比如转圈、踢腿、蹦跳等。除此之外，还可以投放一些幼儿已知故事情节的
人物头饰，让幼儿进行表演。在初期，幼儿记不住人物对话，可以让幼儿根
据自己的理解自由发挥，幼儿熟悉情节之后再强调对话的准确性。

（五）图书角

区域目标：

1.练习一页一页地翻书，不损坏图书。

2.在教师的引导下，初步理解画面的内容。

区域材料：图片、各类书籍等。

开展过程：幼儿在入园初期，我们挑选了
《我爱幼儿园》《我爱爸爸妈妈》等书籍，稳
定幼儿在幼儿园的情绪，让幼儿感受在幼儿园
与教师和同伴游戏的乐趣。在初期，教师可以
在图书区为幼儿读故事，用手指点读的方式让

幼儿观察画面，理解画面的内容，待幼儿熟悉故事内容之后，引导幼儿给他
人讲述。墙饰中出示阅读步骤，引导幼儿要一页一页翻书，看完后要把书送
回原位。

（六）益智区

区域目标：

1.学习按物体的一个特征进行分类。

2.学习按游戏规则进行活动。

区域材料：亿童玩具、大块拼图、磁铁

玩具。

开展过程：我班幼儿对益智区的玩具十分感兴趣，但是在初期，大多幼儿都不会按规则游戏，只是对玩具本身感兴趣。当幼儿初期接触玩具的时候我会观察幼儿自己是否会玩，让玩具激发幼儿的兴趣，然后针对幼儿最感兴趣的玩具进行讲解示范。教师鼓励幼儿在益智区多玩这盒玩具，发现玩得特别好的幼儿，让他教一教不会玩的幼儿。这样当幼儿再接触其他玩具的时候会自己先想一想这盒玩具怎么玩，如果有玩法相同的玩具，可以问一问幼儿是否会玩？谁能来说一说怎么玩？让幼儿有一定探索精神。

（七）科学区

区域目标：引导幼儿观察周围自然想象的明显特征。

区域材料：亿童玩具等。

开展过程：引导幼儿认识白天、黑夜、早晨和晚上，什么时候叫白天？什么时候叫黑夜？为什么这么叫呢？教师会做出太阳和月亮的标志代表白天和黑夜，先让幼儿自己观察，白天能做什么？晚上能做什么？然后投放图片让幼儿进行分类。同时引导幼儿观察下雨时天空会有什么变化？风有什么变化？

（八）拼插区

在拼插区中，我给幼儿提供了很多拼插材料，有插片、插棍等多种拼插玩具。

八、集体教育活动

活动一：社会活动——我的新家

活动目标：

1. 认识班级的标志和环境。

2. 知道幼儿园是自己的新家，喜欢自己

的新家。

活动准备：

经验准备：幼儿园已认识长颈鹿。

物质准备：班级的标志。

活动过程：

1. 认识班级

教师戴上长颈鹿手偶，以长颈鹿姐姐的身份带领幼儿一起开火车。走到班级门口提问："你们知道这是谁的家吗？""长颈鹿的家。""这里啊，不光是长颈鹿姐姐的家，也是小朋友们的新家哦，欢迎小朋友每天都来这里跟我一起做游戏，你们想不想到新家看一看呢？"

2. 参观新家

让我们的小火车开动吧，一位教师当车头，一位当车尾，带领幼儿开火车进入教室。围绕班级中的各个区角行走，在沿途的每一个区域都稍作停留，教师为幼儿介绍区域的玩具有什么，你们平时是怎么玩的？你们能找到班级中属于你的小动物么？让我们一起去找一找。教师带领幼儿开火车的形式参观厕所、水杯柜、睡眠室、儿童衣柜等。

3. 自由游戏

师：咱们的新家里有这么多玩具，小朋友非常喜欢，想不想玩一玩呢？根据幼儿的意愿，把幼儿分组进入各个区角，并与幼儿约定，听到音乐响起就要开始收玩具然后回到自己的座位上。

4. 活动结束

师：小朋友们谁能来说一说你都玩什么了？怎么玩的？

引导幼儿说一说自己在区角中都玩了什么，心情怎么样，跟谁一起玩的。

师：长颈鹿姐姐知道大家玩得很开心，但是都没玩够对不对，欢迎小朋友们天天来我家，我愿意把玩具跟小朋友一起分享。

活动二：科学活动——"1"和"许多"》

活动目标：

1. 认识"1"和"许多"，了解"1"和"许多"的关系。

2. 感受参加数学活动的乐趣。

活动准备：

经验准备：幼儿已认识小鸟、青蛙等小动物。

物质准备：PPT 课件。

活动过程：

1. 创设情景，认识"1"和"许多"

（1）教师出示 PPT：长颈鹿图

师：春天来了，长颈鹿都出来玩了，小朋友看回来了几只长颈鹿？（PPT 出示一只长颈鹿）

幼：一只长颈鹿。

师：看，又来了几只啊？（PPT 出示很多长颈鹿）

幼：好多。

幼：这么多。

师：小朋友观察得真仔细，说得也特别好。哎呀，有这么多长颈鹿，我都数不过来了，我们可以说是许多只长颈鹿。现在请小朋友说一说来了几只长颈鹿？（再请幼儿单独说一说）

（2）动手贴一贴

师：春暖花开河水融化了，小动物们也苏醒了。可是有一些动物宝宝找不到她们的妈妈了，非常地伤心，小朋友们帮助小动物回到妈妈身边好不好？

师：请小朋友们轻轻地站回桌子前面，帮帮小动物吧，一会咱们来看看帮助了多少小动物。

点评：咱们这组小朋友帮助了多少小动物哦？（许多只）在这幅图里有几只青蛙妈妈和多少蝌蚪啊？（一只青蛙妈妈和许多只蝌蚪）

（3）教师 PPT 出示风筝

师：春暖花开，小朋友是不是也要做做运动了。看看这是什么？

幼：风筝。

师：天上有几个风筝啊？

幼：一个。

师：现在有多少风筝呢？

幼：许多。

2. 游戏找一找

师：小朋友们真聪明这么快就认识"1"和"许多"了，那要考一考你们了。桌子上有几个笔筒？（一个笔筒，许多笔）

师：真棒！现在请小朋友分组去教室找一找"1"和"许多"（按美工、建构、表演、水房分组），在行动之前我要给小朋友们提个要求，找到的小朋友拿着你的小宝贝回到座位坐好就可以了。

（幼儿分组寻找）

师：我要请几位小朋友分享一下自己找到的宝贝。

3. 区别"1"和"许多"

（1）分风筝

师：小朋友看看老师手里有多少风筝？

幼：许多风筝。

师：现在老师要把许多风筝分给小朋友们，拿到风筝之后告诉我，你拿到了几个风筝？

幼：一个。

师：刚才许多的风筝去哪儿了？

幼：在手里。

师：对，许多的风筝变成了你们手里一个一个的玩具。那我怎么才能再拥有许多风筝呢？小朋友帮我想想办法。

幼：合在一起。

师：好，那咱们来验证一下。（收风筝）

（2）分玩具

师：老师这里不光有风筝还有许多玩具，现在我要把许多玩具分给小朋友，在拿之前我要提一个小要求，请小朋友在拿的时候大声地告诉大家，你拿了几个。小朋友一个接着一个地来拿玩具吧。小朋友手中有几个玩具啊？

幼：一个。

师：刚才许多的玩具变成了什么？

幼：一个一个。

师：对，许多的玩具变成了你们手里一个一个的玩具。那现在怎么变成许多玩具呢？

幼：合在一起。

师：请小朋友在放玩具的时候也要大声地告诉大家你放了几个玩具。

教师小结：一个一个合起来是许多，许多可以分成一个一个。

4.活动结束

师：小朋友在教室里发现了这么多"1"和"许多"，回家后观察观察家里有没有"1"和"许多"，明天来告诉老师。

活动三：健康活动——我不挑食

活动目标：

1.养成良好的饮食习惯，努力做到不挑食。

2.初步了解食物与健康的关系。

活动准备：

经验准备：已认识长颈鹿。

物质准备：长颈鹿手偶。

活动过程：

1.导入活动

欣赏故事《好宝宝不挑食》，知道挑食的危害。

（1）教师戴上手偶，讲述故事《好宝宝不挑食》，引导幼儿发现挑食会对自己的身体有危害。

师：长颈鹿有一个不好的习惯，是什么？

（2）教师提出问题，引导幼儿了解，因为挑食，长颈鹿越来越瘦，身体也越来越差，所以差点儿被风吹跑了。

教师小结：长颈鹿因为挑食，越来越瘦，身体越来越差，所以差点儿被风吹跑了。

2.根据故事内容讨论

（1）教师以故事中长颈鹿妈妈的口吻提问，小朋友有没有像长颈鹿那样的挑食习惯？

（2）教师引导幼儿说说如何帮助长颈鹿改掉挑食的习惯。

师：我们应该对长颈鹿说什么？我们应该为长颈鹿做些什么？

（3）教师小结：小朋友现在正是长身体的时候，身体需要各种营养。如果挑食，就会使小朋友的身体缺少营养，最后像长颈鹿一样，长不高、长不大，浑身没有力气。

3. 说一说、想一想

教师结合班上幼儿普遍挑食的情况，找出这些食物的图片，帮助幼儿了解这些食物的营养价值。

师：这些食物中哪些是你吃过的？哪些是你喜欢吃的？

师：它们可以为小朋友提供哪些营养价值呢？

4. 活动结束

教师小结：牛奶是补充钙，让小朋友长得高而壮；鱼肉、羊肝让小朋友的眼睛更加明亮；肉补充热量，让小朋友更有劲儿。

活动四：语言活动——长颈鹿不会跳舞

活动目标：

1. 知道故事的名字是《长颈鹿不会跳舞》。

2. 引导幼儿观察图片，理解故事内容。

活动准备：

经验准备：已认识长颈鹿。

物质准备：PPT、视频、动物卡片。

活动过程：

1. 活动导入

师：今天老师给大家带来了一位好朋友，快来看看它是谁。它是一只可爱的长颈鹿。你们看它在干什么？

幼：跳舞

师：长颈鹿一开始是不会跳舞的，因为不会跳舞，它发生了一连串有趣的故事，你们想听吗？但是听故事之前，老师要提一个小要求，看谁听得最认真，能记住故事的名字叫什么。

2. 理解故事，学习语句

（1）看视频了解故事大概

师：这个故事的名字叫什么？

幼：长颈鹿。

师：长颈鹿不会什么？

幼：跳舞。

师：咱们小朋友一起来说一遍吧。

幼：故事的名字叫长颈鹿不会跳舞。

师：那你们还记得里面都有哪些小动物吗？

幼：猪、狮子……

师：咱们小朋友一起去看一下，看看你们说的小动物在不在故事里。

（2）出示PPT，找出故事中的小动物

师：故事里都出现了谁？

幼：长颈鹿、豪猪、狮子、犀牛、蟋蟀。

3.帮长颈鹿学跳舞

师：故事讲完了。小朋友想不想再来说一说？

4.活动结束

师：这个故事真是太有趣了，许多小朋友都看得笑了，我们一起再来欣赏一遍吧。

这次老师来表演，小朋友来配音好不好？

活动五：艺术活动——长颈鹿的花纹

活动目标：

1.观察长颈鹿花纹的特点，并能大胆地设计长颈鹿的花纹。

2.体验创作的快乐，能与同伴分享自己设计的花纹。

活动准备：

经验准备：幼儿已认识长颈鹿。

物质准备：卡纸、蜡笔。

活动过程：

1.活动导入

师：嗨，小朋友们，你们看这是谁？

幼：长颈鹿。

师：长颈鹿长得好不好看？你最喜欢长颈鹿的什么？

2.观察斑纹

师：老师最喜欢长颈鹿的花纹了，你们看长颈鹿的花纹有什么特点？

3.教师示范

师：蒋老师也想要一只漂亮的长颈鹿，我会先拿一张白纸，上面有长颈鹿的轮廓，我会用棕色的画笔给长颈鹿画上斑纹，你们想来试试吗？

4.幼儿创作

下面小朋友们自己来试一试吧，在制作过程中，请注意不要把画笔的颜色弄到小朋友的衣服上，保持桌面的干净。

幼儿自主创作，教师巡视观察。

5.作品展示

师：哪位小朋友来说一说你的长颈鹿是什么样的花纹。

九、社会领域园本课程创设活动反思

（一）身边取材，引发兴趣

本次活动以长颈鹿为引贯穿整个主题活动，在活动中以幼儿身边的事物导入，激发幼儿参与活动的兴趣。让幼儿在每次的活动中都有自己的思考和收获，体验与教师、同伴游戏的乐趣，同时习得知识技能。就地取材，运用幼儿园原本的菜地和绿植引发幼儿观察，帮助幼儿调动多种感官进行学习。

（二）童趣生活，感受快乐

小班幼儿情绪波动大，每次活动我都会以卡通人物或者有趣的故事进行导入。不光如此，在日常生活中也投入了大量的卡通元素，比如班级中的长颈鹿、昆虫、娃娃等。各个区角的活动步骤和过程都以图片的方式呈现，日常中用童趣的语言跟幼儿进行对话，多与幼儿进行沟通，让幼儿感受在幼儿园活动的乐趣。户外活动时，融入到幼儿的活动中，与幼儿一起游戏，成为活动的参与者，贴近幼儿心灵，倾听幼儿说话，让幼儿感受家庭中的温暖、游戏中的快乐。

在与本班教师的探讨中，使我的思路更加清晰，观察幼儿更加有目的性，翻看《3—6岁儿童学习与发展指南》并结合本班幼儿的年龄特点制定适合幼儿的活动以及活动目标。活动过程中，我们也在不断调整活动以及墙饰，确保幼儿能够一课一得，结合五大领域的目标，确保幼儿能够全面发展。

多彩的秋天

班级：小二班　撰稿教师：李思琪　林雅飞

一、学情分析

秋天是个多姿多彩的季节，那千姿百态的菊花、圆圆的苹果、黄橙橙的柿子……这些美丽的景物都可以引发幼儿对秋天的无限兴趣和热爱。《幼儿园教育指导纲要》中明确指出："幼儿与成人、同伴之间的共同生活、交往、探索、游戏等，是其社会学习的重要途径。应为幼儿提供人际间相互交往和共同活动的机会和条件，并加以指导。"幼儿对秋天有一定的感性经验，幼儿学习的正是生活中所熟悉的事物。

在秋天里，孩子们是快乐的，他们有数不清的发现：形状各异的秋叶、五颜六色的果实、金色的稻穗、红红的高粱、雪白的棉花等，经过孩子们的一系列观察、制作，丰富了他们的生活经验，激发了幼儿积极探索、热爱大自然的情感。小班的小朋友们由于年龄小，正是身心成长的关键时期，所以面对秋天，我们就更应该教导他们感受秋的景色、秋的丰收、秋的喜悦等美好的元素，从而促使他们从小养成乐观、积极、向上的心态。

二、主题来源

秋天来了，天气一天天转凉，小朋友们穿的衣服也一天比一天厚。窗外，碧绿的树叶不见了，转而变成淡淡的黄色；鲜艳的花儿凋谢了，只留下粒粒的种子；欢快的鸟儿飞走了，少了些悦耳的鸣声。进入10月以来，幼儿时不时地就会就这些事情相互谈论。当秋叶从树上簌簌飘落的时候，幼儿还喜欢跑到院子里捧起黄黄的秋叶嬉戏玩耍。总之，秋天的一系列变化都引起了幼儿的兴趣。小班的小朋友由于年龄小，正是身心成长的关键时期，所以当秋天来临，教师就更应该教导他们感受秋的景色、秋的丰收、秋的喜悦等美好的元素，从而促使他们从小养成乐观、积极、向上的心态。基于以上，开展"多彩的秋天"主题活动不仅有助于促进幼儿进一步地认识并了解秋天，还将有助于陶冶幼儿情操，培养他们的良好品格，可以说是意义深远。

三、主题目标

在"多彩的秋天"的主题中，通过各种动手操作、外出参观、感性操作等活动让幼儿感知秋天的季节特征，观察各种动植物的变化。

（一）知道秋天是丰收的季节，大胆讲述秋天是美丽的。

（二）能热爱秋天，体验秋天的美好。

（三）引导小朋友认识秋天的天气特征。

（四）使小朋友知道秋天树叶会从树上飘落。

（五）激发幼儿热爱大自然的美好情感，培养幼儿初步的审美能力。

四、主题结构图、环境图及说明

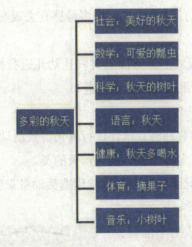

我们班以"多彩的秋天"为主题，设计并制作了这面主题墙。因为是小班，以操作性为主，在幼儿可以操作的高度，都以不织布辅以粘扣，可以让幼儿随意取下、粘贴。

秋天是丰收的季节，映入眼帘的是一辆装满水果的小货车。货车的司机可以随意换小动物，可以取下粘贴。

在集体活动中学习了"小瓢虫找家（学习点数 3，认识 1、2、3）"，主题墙上的小瓢虫身上的"星"可以随意取下，学习点数、命名为"× 星瓢虫（× 为任意数字）"。

车厢上的水果可以任意取下随机搭配，并且可以让幼儿学习点数。

我们还可以看到一棵漂亮的大树，大树可以打开发现一个树洞，树洞里住着几只小松鼠。这样既增加了趣味性，也让幼儿了解到小松鼠住在树洞里。

墙上还有两个有趣的设计：小蝴蝶和小鸟。它们都以绳子辅助，可以拉动。

五、区域环境创设

秋天是一个迷人的季节，色彩斑斓……对孩子们来说，最初进入他们眼帘的是那一片片不断飘落下来的树叶，给了他们无限的遐想。因此我们开展了《多彩的秋天》的主题活动，让孩子们运用多种感官去观察周围的自然事物，感知秋天里动植物的变化。

在区角活动中，我们投放了多方面的材料让幼儿进行操作和探索，进一步帮助达成主题目标，并满足幼儿的多种兴趣。

区域活动目标：

1.引导幼儿自选游戏内容和游戏伙伴进行区角游戏活动。

2.尝试运用多种材料、多种形式，表现秋天的美。

3.与同伴分享参加区角活动的快乐，体验创造活动带来的乐趣和成就感。

（一）美工区

映入眼帘的是一个快乐的小池塘，底层是气泡膜突出立体感。池塘周边是报纸团成的石块，可以由幼儿任意涂鸦成自己喜欢的颜色。池塘里面是作品展示区。

内容：树叶喷画。

材料投放：

1.收集不同形状、不同颜色的树叶。

2.范例若干。

3.颜色、牙刷、筷子等。

活动目标：

1.利用树叶的结构和外形拼贴画面。

2.大胆地运用牙刷在拼贴画上进行喷画。

观察指导要点：

1.观察幼儿是否能大胆地想象，运用树叶组合成各种形状。

2.喷画的方法是否正确，颜料要占得少一点。

（二）娃娃家

幼儿入园分离焦虑是指宝宝从自然人到社会人转变过程中所发展起来的情绪。心理医师称：适龄宝宝离开父母和家庭进入幼儿园小班游戏和生活，进而迈出了其社会化进程中重要的一步。在这一过程中，由于直接面临着与家长的长时间分离，宝宝经受着分离焦虑所带来的痛苦。幼儿分离焦虑既与焦虑症有着共同点，又有着这一年龄段的独特之处，它与儿童焦虑症的表现有一些相似。

所以我们在娃娃家环境创设时，主要以温馨为主。以"相亲相爱一家人"为主题，布置了幼儿与亲人的照片墙。当想念家人时，可以抬头看看自己和家人的照片，缓解分离焦虑。

材料投放：各类蔬菜水果玩具若干、厨具、餐具。

活动目标：

1.大胆地玩果蔬切切乐游戏。

2.进行角色扮演（爸爸、妈妈、哥哥、姐姐、宝宝）。

观察指导要点：

观察幼儿是否能进行角色分配。

内容：换秋装。

材料投放：

娃娃的毛衣、袜子等秋装。

活动目标：

幼儿根据季节需要为娃娃更换衣物，感受

秋天来到的凉意。

观察指导要点：

能否选择具有秋季特征的衣服为娃娃换上。

（三）搭建区

内容：开心农场。

材料投放：

1.大小、颜色、形状不同的积木。

2.辅材。

活动目标：

1.能用积木进行平铺、延长、围合、垒高。

2.能围绕"开心农场"主题进行搭建。

观察指导要点：

观察幼儿是否能在建构游戏中与同伴进行简单的交流，表达自己的想法。

（四）益智区

内容：秋天的树林。

材料投放：

1.大小、颜色、形状不同的树叶。

2.一片树林，树干上贴上 1—5 的数字。

活动目标：

能根据树干上的数字分别放上相应的树叶。

观察指导要点：

观察幼儿是否能仔细看树上的数字，并边选树叶边数。

（五）图书区

材料投放：

1.颜色鲜艳、情节简单的绘本。

2.关于秋天的绘本。

活动目标：

1.主动要求成人讲故事、读图书。

2.爱护图书，不乱撕乱扔。

3.能听懂短小的儿歌或故事。

4.会看画面，能根据画面说出图中有什么、发生了什么事等。

观察指导要点：

1. 为幼儿提供良好的阅读环境和条件。

2. 激发幼儿的阅读兴趣，培养阅读习惯。

3. 经常和幼儿一起阅读，引导他们以自己的经验为基础理解图书的内容。

（六）表演区

内容：小菜园里的舞会。

材料投放：

1. 各类蔬菜、水果的面具及头饰。

2. 录音机。

活动目标：

1. 能自主地选择面具及头饰进行表演。

2. 愉快地庆祝蔬菜水果的丰收。

观察指导要点：

观察幼儿是否能自主设计动作并进行表演。

（七）科学区

内容：奇妙的树叶。

材料投放：

1. 放大镜。

2. 各种各样的树叶。

3. 蜡笔。

活动目标：

观察叶子的特征和叶脉。

观察指导要点：

注意幼儿发现各种叶子的叶脉不一样时，是否感到新奇。

六、集体教育活动

活动一：社会活动"美好的秋天"

活动目标：

1. 热爱大自然的美好情感，培养幼儿初步的审美能力。

2. 能热爱秋天，体验秋天的美好。

3.知道秋天是丰收的季节，大胆讲述秋天是美丽的。

4.认识秋天的天气特征。

5.知道秋天树叶会从树上飘落。

活动准备：

物质准备：图片秋风、树叶、果树等。

经验准备：幼儿有观察秋天的经验。

活动过程：

1. 了解秋天的美丽

（1）现在是什么季节呀？（秋天）小朋友在公园、来幼儿园的路上看到了什么？（树叶）你看到的树叶是什么样的？有哪些颜色？树叶飘落下来的时候像什么？（有圆的、手掌形状的、长长的；黄色的、红色的；像蝴蝶一样飞……）

（2）你还看到了哪些东西？（菊花、玉米、山楂、葡萄……）它们是什么样的？

（3）秋天里五颜六色真美丽（学说：美丽的秋天）。

2. 感受秋天的天气变化

秋天真美丽，秋风吹来，你有什么感觉？（有点冷）天气渐渐变冷了，小朋友的身上穿了什么？（穿了外套、长袖）洗手的时候你有什么感受？（水凉了、袖子容易湿）

3. 了解秋天是丰收的季节

（1）秋天来了，天气渐渐变冷了。在秋天里，你吃些什么呢？

（2）你在家吃些什么菜？（青菜、萝卜、螃蟹、大白菜、南瓜、栗子等）

（3）哪些水果成熟了？（苹果、梨、橘子等）

（4）秋天，好多蔬菜、水果都成熟了，秋天是一个丰收的季节。学说：秋天是一个丰收的季节。

4. 小结

到了秋天，小燕子、小青蛙等都不见了。随着季节的变化，许多的动物、植物都在发生着变化。

活动延伸：

1.幼儿收集落叶，捕捉秋虫。

2.教师根据活动情况，组织幼儿互相看看、谈谈自己采集到的东西。

活动二：数学活动——可爱的瓢虫

活动目标：

1.在游戏情景中，能将 5 以内的数字与相应数量的物体——对应。

2.在游戏中，体会帮小瓢虫找食、回家的乐趣，产生愿意帮助别人的情感。

活动准备：

物质准备：大小不同、红黄蓝三种颜色的瓢虫图片若干，儿歌，自制红、黄、蓝 3 种颜色的毛毛虫若干。

经验准备：认识 5 以内的数字。

活动过程：

1.师幼共同玩手指游戏，引出瓢虫

教师用手指游戏引出瓢虫：小瓢虫，小瓢虫，爬呀爬，碰到小虫子，啊呜一口吃掉它。

在这首儿歌里你听到了什么？

小结：瓢虫喜欢爬来爬去，并且喜欢吃虫子。

2.利用图片，练习手口点数

（1）出示一张背上有 3 个斑点的瓢虫图片。瓢虫妈妈有很多瓢虫宝宝，看看这只瓢虫长什么样子？背上有什么？有几个斑点？（手口一致点数）

（2）出示 2 只大小，颜色不一样的瓢虫（斑点 2 个和 4 个）这 2 只瓢虫与刚才那只瓢虫有什么不一样吗？

小结：颜色、大小和身上的斑点不一样。

3.游戏：帮瓢虫找食物

现在瓢虫妈妈带着宝宝去找食物，你知道瓢虫最喜欢吃什么吗？这里有许多不同颜色的虫子，瓢虫妈妈要每个宝宝寻找与自己颜色相同的虫子，虫子的数量要与自己身上的斑点数量一样。我们一起去帮助瓢虫宝宝吧！

请幼儿每人选择一只瓢虫宝宝，引导幼儿看清楚自己手中瓢虫的颜色和斑点数量，并为它找到合适的食物。结束后大家一起验证。

4. 送小瓢虫回家

瓢虫宝宝们累了，想休息了。你们知道瓢虫宝宝喜欢在哪里休息吗？（树叶上）这里有很多树叶，每张树叶上都有一个数字，那是每个瓢虫宝宝家的门牌号码。请你看看你的手上，瓢虫宝宝身上的斑点数量是多少，请把它送到相应数字的房间去休息。

游戏结束后，师幼共同验证。

活动延伸：

寻找班中教师藏好的瓢虫宝宝。

活动三：科学活动——秋天的树叶

活动目标：

1. 通过观察秋天的树叶，感受树叶的多样性。

2. 学习、比较树叶的异同，并进行分类。

3. 乐于参与探索活动，愿意在集体面前大胆表述。

活动重难点： 学习、比较树叶的异同，并进行分类。

活动准备：

物质准备：各种秋天的树叶，图片。

经验准备：认识常见的形状。

活动过程：

1. 导入活动

（1）师：小朋友，你们知道现在是什么季节吗？你们喜欢秋天吗？为什么呢？

（2）师：到了秋天，树上的叶子会有什么样的变化呢？

幼儿自由谈论并回答老师的问题。

（3）教师小结：秋天到了，树上的叶子很多都会变颜色，有的变成红色，有的变成黄色。等到深秋的时候，秋风一吹，叶子就会随秋风飘落。

2.引导幼儿观察树叶，大胆说出它的外形特征

（1）师：小朋友，你们把自己带的树叶拿出来吧！

（2）引导幼儿通过各种感官感知树叶的形状特征，认识它们的名称。

师：小朋友，你们认识你们拿的这些树叶吗？它是什么样子的呢？你们觉得你们拿的树叶像什么呢？

3.引导幼儿观察并说说树叶的名字

（1）教师让幼儿摸一摸这些树叶，会有什么样的感觉，然后再闻一闻，它又有什么样的味道。

（2）请幼儿交换观察树叶。

师：这片树叶和你刚才摸的树叶有什么不一样吗？哪里不一样呢？（引导幼儿从形状、颜色等方面来说一说）

4.认识树叶的名称

（1）师：你们都知道这些树叶的名字吗？

枫树的树叶像手掌，银杏树的树叶像扇子，松树的叶子像针，白桦树的叶子像颗小爱心。

（2）游戏：教师报出树的名字，幼儿能很快地举起它的树叶，并说出它的形状。

5.游戏：树叶找朋友，巩固认识这些秋天的树叶

（1）师：我们一起来玩一个游戏吧！我说到什么树叶或者是说到什么形状的时候，拿了这个树叶的小朋友就站出来，然后找到跟你拿一样树叶的好朋友握握手。

（2）教师带领幼儿进行游戏。

（3）教师进行小结，结束活动。

活动延伸：

把树叶投放到美工区，引导幼儿做树叶手工。

活动四：语言活动——秋天

活动目标：

1.积极参与活动，体验活动的乐趣。

2.能用语言表述出对树叶外形的想象，并模仿树叶飘落的动作。

3.能根据图片的提示，完整念出诗歌。

活动重难点：能根据图片的提示，完整地跟着念出诗歌。

活动准备：

物质准备：小蚂蚁、小老鼠、小刺猬图片，小动物图片若干，小船，帽子，小伞图片，大树，树叶，小白纸若干，图钉。

经验准备：观察过树叶飘落。

活动过程：

1.模仿小树叶飘落动作导入

师：秋天到了，小树叶怎么样了？（落下来了）

小树叶是怎么落下来的呢？请你们学一学。鼓励幼儿自由想象树叶飘落的动作。

2.欣赏学习诗歌

出示图片，讲解诗歌内容。

师：今天请你们听首好听的诗歌，名字叫《秋天》。秋天来了，一片片树叶落在地上（出示大树和落叶图片）。

提问：小蚂蚁把小树叶当成什么了，请你们猜一猜！

蚂蚁（出示图片）捡起一片说：这是我的小船！（出示小船图片）

小老鼠（出示图片）捡起一片说：这是我的帽子！（出示帽子图片）

小刺猬（出示图片）捡起一片说：这是我的小伞！（出示小伞图片）

秋天捡树叶，大家真开心。

提问：这首诗歌真好听，你听到了什么？请幼儿一起跟着朗读诗歌。

多种形式请幼儿集体念诗歌一遍。

3.活动结束

分组边念诗歌边表演。

活动延伸：表演区表演诗歌《秋天》。

活动五：健康活动——秋天多喝水

活动目标：

1.知道白开水比其它饮料更好，口渴时知道去喝水。

2.学习给各种饮料分类。

活动重难点：知道白开水比其他饮料更好，口渴时知道去喝白开水。

活动准备：

物质准备：不同的饮料瓶。

经验准备：认识常见的饮料。

活动过程：

1.师生共同讨论，大家带来了哪些饮料

今天，我们这里有许多的饮料，一起来看看，都有什么呢？

2.为饮料瓶分类

（1）大家带来了这么多不同的饮料瓶，如果我们希望很快找到想要喝的饮料，怎么办呢？（让幼儿相互讨论分类方法、分类标准）。

（2）我们一起将牛奶瓶放在一起，果汁瓶放

在一起，矿泉水瓶放在一起。

（3）幼儿上前操作，将瓶子分类。

3.师生共同讨论：口渴了喝什么

（1）秋天到了，天气比较干燥，如果口渴了，我们喝什么好呢？

（2）果汁等饮料喝到嘴里很甜，白开水喝到嘴里清凉舒服。

（3）出示蛀牙图：这位小朋友的牙怎么了？形成蛀牙的原因是什么？甜食吃多了牙齿会怎么样？

（4）小结：喝太多甜饮料，容易蛀牙，对身体不好。白开水不会引起蛀牙，清凉解渴，所以口渴时我们要多喝白开水。白开水不仅可以预防蛀牙，还能补充身体内所需的水分，能让皮肤看上去更有光泽。坚持每天起床后喝一杯白开水，还可以润肠通便呢。喝白开水有这么多好处，小朋友们回家一定要告诉家人！

4.幼儿知道口渴时自己去喝水

（1）如果我们口渴了，你会选择喝呢？

（2）我们每天都会有各种活动开展，小朋友如果觉得口渴了，自己可以随时去喝水，每天多喝水，对身体健康有很大好处。

活动延伸：投放制作好的每日喝水记录玩具，引导幼儿多喝水。

活动六：体育活动——摘果子

活动目标：

1.通过创设游戏情境，引导幼儿模仿小动物摘果子的过程，发展幼儿的滚、跳、爬、平衡的动作技能。

2.体验不同的摘果子方法，感受游戏带来的乐趣。

活动重难点：通过创设游戏情境，引导幼儿模仿小动物摘果子的过程，发展幼儿的滚、跳、爬、平衡的动作技能。

活动准备：

物质准备：

1.小樱桃图片若干（用自粘纸做成，可以粘在身上），香蕉图片若干（悬挂在绳子上），苹果图片若干。

2.录音机、磁带，垫子若干，篮子 3 只。

3.布置成三条路。

经验准备：知道小刺猬、小猴子、小乌龟摘果子的动作。

活动过程：

1. 热身运动

（1）播放音乐，老师带领幼儿听音乐，模仿学小乌龟的动作进场。

（2）今天天气真好，小乌龟要晒晒太阳，带领幼儿做动动头、伸伸手臂、踢踢腿、扭扭屁股的热身运动。

2. 学习摘果子的方法

（1）秋天到了，树上的果子都成熟了，请幼儿看看布置的场地，说说有哪些果子？

（2）小刺猬、小猴子、小乌龟听说以后，也想去摘果子了。

（3）第一条路是小刺猬的路，小樱桃都洒落在地上了，想一想，小刺猬怎么拿果子？

（4）小刺猬是用滚的方法，让果子黏在自己身上，因此，引导幼儿学习滚的动作。

（5）老师示范在垫子上滚的动作：坐下来躺下，手放在身体两侧不能动，侧着滚过去。

（6）请个别幼儿尝试滚的动作，老师指导。

（7）第二条路是小猴子的路，看看小猴子怎样才能摘到果子？

（8）引导幼儿走过小桥，然后跳起来摘树上的果子。

（9）请个别幼儿示范小猴子摘果子的过程。

（10）第三条路是小乌龟的路，小乌龟是怎么走着去的？

引导幼儿在垫子上用手和膝盖着地爬的动作去摘果子。

请个别幼儿示范爬的动作，爬到垫子的对面后，在地上拿一个果子走旁边回来。

3. 游戏：小动物摘果子

（1）我们也来学这些小动物摘果子吧。

（2）幼儿自由练习。请幼儿排好队学每个小动物摘果子的过程，尽量每条路都去尝试一遍。（练习的时候，幼儿只练习动作，不把果子摘回来）老师指导幼儿的动作。

（3）幼儿站在圆圈上集合，请个别动作好的幼儿示范给大家看。

（4）引导幼儿分组摘果子。

4.数果子，放松运动

数一数摘到的果子。带领幼儿做放松运动。

活动七：音乐活动——小树叶

活动目标：

1.体会小树叶和大树妈妈的情感。

2.学习用连贯、舒缓和断顿、跳跃的歌声表达两段歌词的不同情感。

活动重难点：学习用连贯、舒缓和断顿、跳跃的歌声表达对两段歌词的不同情感。

活动准备：

物质准备：录音、每人1片树叶。

经验准备：观察过树叶飘落，会模仿树叶飘落的样子。

活动过程：

1.听音乐入场

2.熟悉歌曲旋律

（1）幼儿听音乐自由舞蹈。

（2）幼儿手拿树叶模仿树叶飘落的动作。

（3）师以故事导入引导幼儿感受歌曲，熟悉歌词。

（4）随音乐朗诵歌词，理解歌词内容。

3.学习歌曲

（1）讨论两段歌曲的处理，第一段轻柔，第二段快而有力。

（2）幼儿手拿树叶边做动作边唱。

4.活动结束

一起去问候大树妈妈。

活动八：美术活动——树叶拼贴

活动目标：

1.通过选择树叶、想象作品、粘贴树叶，完成树叶粘贴作品。

2.活动中能够发挥自己的想象。

活动重难点：通过选择树叶、想象作品、粘贴树叶，完成树叶粘贴作品。

活动准备：

物质准备：树叶、固体胶、纸。

经验准备：了解树叶拼贴画。

活动过程：

1.谈话（根据教室中的物品导入课题，引起幼儿的兴趣）

（1）今天，我们教室中间的椅子上放了许多的什么啊？（在幼儿园捡的各式各样的树叶）

（2）这些树叶可以组合成些什么？（幼儿在昨天捡树叶后，教师组织幼儿拼树叶）（幼儿讲述自己想拼的东西）

（3）请小朋友将自己想好的东西拼贴在纸上。

2.幼儿活动

（1）幼儿开始制作，教师巡回指导。

（2）注意：与同伴不要拼贴的一样，要与众不同。

3.活动作品展示

幼儿讲述自己的作品

七、生活活动的创设

秋天是丰收的季节，是花草树木变换的季节。在小朋友的周围，都悄悄地发生着变化，为了让幼儿进一步认识秋天，了解秋天的主要特征，以及秋季的气候、植物的变化，欣赏秋天的美，陶冶幼儿的审美情趣，我们预设了"多彩的秋天"的主题活动。在"多彩的秋天"的主题

活动中，引导小朋友感受天气变凉了懂得要多穿些衣服，了解秋天的衣服和夏天的衣服相比较有什么不同，并鼓励引导幼儿学习独立穿脱衣服，掌握扣纽扣、提裤子等方法。知道秋天天气干燥，要多喝水、多吃蔬菜水果。

八、户外活动创设：混龄游戏设计

（一）集体游戏

游戏名称："开火车"

游戏目标：

1.培养孩子的团队合作意识。

2.培养规则意识。

游戏材料：几根掉落的树枝。

游戏玩法：捡到的树枝可以继续派上大用场。同时根据幼儿数量，让幼儿到周围寻找树枝。

1.让幼儿把树枝首尾相连，围成椭圆形。

2.鼓励幼儿当火车头，一般先选一位年龄大一点的幼儿做示范。

3.让幼儿自己拉好，开火车。

4.根据情况，给幼儿下达各种指令，比如停站、快慢开、发出呜呜声、给火车头加油等，相信幼儿会玩出自己的新花样。

5.更换火车头，让每位孩子都有机会当火车头。

（二）分散游戏

游戏名称："寻宝游戏"

游戏目标：

1.训练观察能力和专注力。

2.锻炼记忆力，

游戏材料：大自然中的松果、树叶、树枝、小石头、种子等。记住，我们的初衷是让孩子珍视大自然，所以，采集中不要破坏植物。

游戏玩法：

1.寻找一些自然界的物品。

2.用衣服盖住，根据孩子情况，打开 10—30 秒。

3.让幼儿在 5 分钟内去找他们所记得的东西。

4.等幼儿回来后，把提前收集到的东西一件一件拿出来，讲一讲对这件物品的认识和理解。可以从很多方面去讲，如描述它的形态、捡拾的地点、这是什么东西、生长特性。

同时，邀请孩子们把他们收集到的同样物品一起拿出来。这个游戏也可以变个花样：不用提前收集，而是给孩子们列清单，让他们根据教师列的清单去寻找。

九、家园共育活动

秋天，是一个多彩的季节；秋天，是一个丰收的季节；秋天，是一个气象多变的季节。感知秋天，最好的办法就是让幼儿到大自然中去，领略秋天的美景，寻找捕捉秋天的变化。围绕"多彩的秋天"这一主题，我们将内容扩展到秋天的树叶、秋天的天气变化、秋天的动物、秋天的农作物、秋天的果园等方面，让幼儿感受和想象动植物的变化、秋天山野的美景、丰收的景象……从而激发幼儿探索热爱大自然的情感。

（一）教育目标

1.有观察的兴趣，能感知秋天的变化和大自然的美景，了解秋天里的植物变化、动物变化、人们的变化，知道秋天是一个美丽的季节。

2.培养幼儿用美工、音乐表演、绘画等多种方式展现多彩的秋天。

3.激发幼儿关心周围事物，乐于探究，发现的欲望。在了解秋的基础上，热爱秋天，热爱大自然。

（二）共育要求（以下要求家长带孩子共同完成）

1.继续帮助幼儿巩固良好生活作息，按时上学不迟到，不随意请假等，同时，以身作则，培养幼儿良好文明礼貌行为习惯，提醒孩子经常使用礼貌用语。

2.与幼儿一起收集有关秋天的资料，将图片、故事、书籍等带入园中交流或参与环境布置。

3.鼓励幼儿用清楚完整的语言表述。

4.经常和幼儿聊天，保持和幼儿的互动与沟通。

5.与幼儿一起开展手工"树叶拼图"活动。

6.坚持让幼儿做力所能及的事情，学会整理和管理内务。

7.通过书籍、电视等渠道，了解秋天的天气变化，秋天的农作物及昆虫和动物等。

十、社会领域园本课程创设反思

（一）对幼儿游戏行为、目标达到反思

游戏是一种复杂的活动。从教育的观点看，游戏和学习及教育有关。《幼儿园教育指导纲要》中指出："玩是幼儿的天性""以游戏为基本活动"。《3～6岁儿童学习与发展指南》中指出："幼儿的学习是以直接经验为基础，在游戏和日常生活中进行的"。由此可见，游戏在幼儿生活中具有重要地位和作用。幼儿活泼好动，思维具体形象，游戏符合幼儿的心理和年龄特点。在社会教学中，将游戏渗透到社会活动的各个环节中，让幼儿在游戏中通过想象、探索和智慧，使身体和个性在欢乐和喜悦中发展起来，让游戏真正有效地实现其独特的教育功能，促进幼儿社会性的发展。

（二）对教师指导策略反思

在实际的社会集体教学活动中，我们一定要做到为了目标的达成而活用教学方法，切忌为了场面的热闹、花样的翻新而生搬硬套，弄巧成拙。

《幼儿园教育指导纲要（试行）》指出，幼儿教师不再是传统知识的传递者和权威的代表者，而是幼儿学习合作的伙伴，是教学行为和教学现象的研究者、反思者；幼儿教师必须关注幼儿的兴趣与爱好、关注幼儿的发展方向、关注幼儿的个性品质和认知方式，才能设计、实施并调整好教育教学活动计划，使之更适宜幼儿实际发展的需求。

（三）对一日生活环节渗透社会领域目标的反思

1. 积累大自然和社会生活中的感性经验

教师带领幼儿到大自然和社会生活中积累感性经验，寻找艺术要素，培养艺术感知能力。大自然和社会生活中存在大量的审美教育资源，如春天的嫩芽、秋天落叶、各种花卉的颜色、树木的造型、美妙的小溪流水声和宛转的小鸟鸣叫声；社会生活中的建筑造型、节日的街头、人和动物优美流畅的动作等蕴藏美。教师可以组织寻找"生活中的画""大自然中的节奏"等活动来培养幼儿用艺术的眼光观察大自然和社会生活，摆脱日常知觉的局限，使幼儿对大自然和社会生活中的审美性质和艺术原理产生敏感，激发其艺术感悟能力。

2. 加强一日生活中的艺术环境创设

加强幼儿一日生活中的环境创设，使幼儿生活的环境充满艺术氛围。

3. 用音乐衔接一日活动

音乐能够充实幼儿的生活，愉快心情，激发感情，陶冶情操，于是把音乐渗透到幼儿的一日活动中去。从幼儿来园时，在幼儿的自由活动中，在幼儿刚午睡时，在各个活动环节的衔接处，我们都分别播放或弹奏相应的音乐，让幼儿生活在美的旋律中，从小就得到音乐的熏陶。

（四）对本年段社会领域目标渗透的建议

1. 引导幼儿参加游戏和其他各种活动，体验和同伴共处的乐趣。

2. 加强师生之间、同伴之间的交往，培养幼儿对人亲近、友爱的态度，教授必要的交往技能，学会和睦相处。

3. 为每个幼儿提供表现自己的长处和获得成功感的机会，增强自尊心和自信心。

4. 提供自由活动的机会，支持幼儿自主地选择和计划活动，并鼓励他们认真努力地完成任务。

5. 在共同的生活和活动中，帮助幼儿理解行为规则的必要性，学习遵守规则。

6. 教育幼儿爱护玩具和其他物品，用完放回原处。

7. 引导幼儿接触和认识与自己生活关系密切的不同职业的成人，培养幼儿尊重不同职业者的劳动。

鱼儿游啊游

班级：小二班　　撰稿教师：程红红　李春雨

一、学情分析

　　小班（3—4岁）幼儿开始具有最初的对社会规则、行为规范的认识，能做最直接、简单的道德判断。喜欢与人交往，有了与其他小朋友一起活动的愿望。对父母有着很强烈的情感依恋，对经常接触的人也能形成亲近的情感。他们的自我意识开始出现，能区分"你""我""他"，但不会区分自己和他人的需求。同时，他们的情感、行为的冲动性强，自控力差，往往不能与人友好合作，常发生纠纷，需要成人的帮助和指导。

　　幼儿喜欢模仿，模仿是幼儿进行社会学习的重要方式。幼儿社会性的发展是在社会环境的影响下，在与周围人的交往过程中逐步实现的，必须经过体验、内化幼儿的社会认知和社会性行为才能真正形成。

　　主题墙饰的创设中要努力调动幼儿的"三性"，即积极性、主动性、创造性。如何有效地调动幼儿的"三性"，关键在于让幼儿真正成为墙饰的创作者和设计者。在创设主题墙饰中我们注重幼儿自己动手创作，亲身体验，这有利于激发和拓展幼儿的学习兴趣，引发幼儿自我学习的好奇心和主动探究的求知欲，从而取到事半功倍的教育效果。

　　《幼儿园教育指导纲要（试行）》指出："幼儿园环境是重要的教育资源，应通过环境的创设和利用，有效地促进幼儿的发展。"处于小班的幼儿是直观行动思维，对于一些卡通形象感兴趣。因此环境创设要体现自由性、开放性、互动性，本学期我们进行了"鱼儿游啊游"的主题，贴合幼儿年龄特点，幼儿也十分感兴趣。

二、主题来源

　　最近，班级里有小朋友从家里带来了几条小鱼，孩子们十分开心，一有机会便围着鱼缸对鱼评头论足："这么小的鱼是吃什么的呢？你看，鱼的眼睛总是睁得大大的，不眨眼，也不闭眼，它怎么睡觉呀？我知道，水少的时候鱼躺着游，水多了，侧着游。"等。孩子们你一言，我一语，流露出对鱼的浓厚兴趣。通过了解，孩子们对于鱼大多只有粗浅、表面的认识，如鲤鱼可以吃、金鱼好看、

多吃鱼对身体好等，而对于鱼的其他方面的知识很不了解，但很感兴趣，为了满足孩子们自发生成的研究鱼的愿望，我们预设了"鱼儿游啊游"的主题教学活动。

三、主题活动总目标

（一）喜欢参加各项活动，愿意和小朋友一起游戏。

（二）使幼儿初步了解和掌握基本的卫生要求，初步养成良好的卫生习惯。

（三）激发幼儿从事简单的自我服务性劳动的兴趣，引导幼儿初步了解父母和老师的劳动。

（四）使幼儿保持愉悦的情绪，愿意与他人交往，鼓励幼儿积极参与集体生活。

（五）初步培养幼儿的良好品德行为和习惯，培养幼儿活泼、开朗的性格。

（六）引导幼儿遵守最基本的规则，培养幼儿基本的社会技能。

四、主题网络图

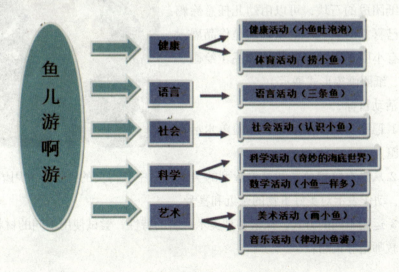

鱼儿游啊游

- 健康
  - 健康活动（小鱼吐泡泡）
  - 体育活动（捞小鱼）
- 语言
  - 语言活动（三条鱼）
- 社会
  - 社会活动（认识小鱼）
- 科学
  - 科学活动（奇妙的海底世界）
  - 数学活动（小鱼一样多）
- 艺术
  - 美术活动（画小鱼）
  - 音乐活动（律动小鱼游）

五、班级生活区域活动创设

小班幼儿由于年龄小、体质差，在换季期间很易上火感冒，为了鼓励宝宝多喝水，老师创设了"小鱼喝水"的墙面环境，引导宝宝玩粘贴的游戏。这个游戏让宝宝觉得喝水也变成了一件好玩的事情，爱上喝水。

活动目标：

1.能够主动喝水，做到随渴随喝。

2.在日常生活中发展幼儿小肌肉的协调性。

3.在良好的生活常规和秩序下，喜欢幼儿园有规律的集体生活。

教师指导策略：

1.教师在幼儿生活中进行示范、讲解和练习，通过实践逐渐使幼儿养成主动喝水的习惯。

2.教师为幼儿讲述多喝水对身体的好处，让幼儿喜欢喝白开水。

六、区域环境创设

（一）美工区

快乐的小池塘，孩子们的成长乐园。底层是利用气泡膜制作，突出了立体感，孩子们会更加感兴趣。池塘周边是孩子们用报纸团成的石块，可以由幼儿任意涂鸦成自己喜欢的颜色。池塘里面是作品展示区，有小朋友们关于小鱼的作品（绘画、剪纸、纸团画等形式展示）。

活动目标：

1.愿意参加美术活动，体验美术活动的乐趣。

2.从具有鲜艳色彩和简单造型的美术作品中获得美的感受，并用语言、表情、动作表示对美好事物的亲近和喜爱。

3.运用不同的方式，探索各种美术材料的特性，尝试使用不同的材料。

教师指导策略：

1.美术是儿童学习的另一种语言，教师要学会理解、接纳和欣赏幼儿美术作品所反映的他们对周围世界的认识和感受，而不要把自己的认识强加给孩子。

2.充分肯定幼儿的涂鸦作品。记录、分析他们所画简单的画面和线条所表征的含义。

3.通过游戏形式，鼓励幼儿探索并尝试笔、纸、剪刀等工具材料的不同用途和使用方法，逐渐掌握它们的用途和方法。

（二）娃娃家

活动目标：

1.愿意参加角色游戏，在游戏中情绪愉快。

2.愿意用语言与别人交往，喜欢应答，并能注意倾听他人讲话。

3.在游戏中能够自由想象与模仿，以自己的方式表达对周围生活的认识理解。

4.愿意和小朋友一起玩，并对他人的交往做出积极地回应。

教师指导策略：

1.支持幼儿的自发游戏，满足幼儿扮演自己喜欢的角色欲望。不刻意要求幼儿扮演某一角色，或玩他们不熟悉的内容，如当娃娃家有多个爸爸时，教师不必强调一个娃娃家只有一个爸爸。

2.根据幼儿的兴趣需要及身边的教育资源，与幼儿一起确定游戏的主题、布置环境和选择材料。

（三）益智区

活动名称：快乐的小鱼

活动目标：

1.喜欢玩各种操作类玩具，并愿意探索不同的玩法。

2.感知体验"1"和"许多"的概念。

3.会点数 5 个以内的物品、初步感知理解 5 个以内物体的数量。

教师指导策略：

1. 鼓励幼儿积极参与游戏材料的准备和环境的创设，如幼儿用橡皮泥搓成圆球，制作成鱼籽。

2. 关注幼儿创造性的玩法，并请幼儿为同伴介绍自己的玩法。

（四）建构区

活动名称："我是小小建筑师"

活动目标：

1. 通过搭建活动表达和扩大生活中获得的知识和经验。

2. 感受材料的质地、颜色、软硬等明显特征。

3. 会比较 2—3 个物体间常见量（如大小、长短、厚薄等）的差别。

教师指导策略：

1. 引导幼儿观察生活、观察周围环境中的美好事物、积累经验，为搭建做准备，如和幼儿一起观察附近新建的高楼或新开辟的菜园。

2. 支持幼儿的自发游戏，尊重幼儿的游戏意愿，鼓励幼儿在搭建过程中的想象和创造。

3. 鼓励幼儿主动讲述自己的作品，或与伙伴交流与分享。

（五）表演区

活动名称：欢乐剧场

活动目标：

1. 喜欢参加音乐活动。

2. 从优美动听和形象鲜明的歌曲、器乐曲与舞蹈等音乐作品中获得美的感受，初步理解其内容和情感，尝试自由律动参与欣赏，用语言、表情或动作表达自己的感受。

3. 能随着音乐做简单律动，进行自我表现，并初步体验与他人沟通的快乐。

4. 愿意为自己熟悉、喜爱的歌曲和乐曲进行即兴表演，自由创编歌词和动作，初步学会使用表演道具。

教师指导策略：

1. 播放节奏鲜明的歌曲、乐曲、激发幼儿对音乐表演的兴趣。

2.对幼儿自发地随音乐做动作和个性化的自我表现给予鼓励。

3.以角色的身份与幼儿一同表演，激发幼儿的表演兴趣，丰富幼儿的角色行为与语言。

（六）植物角

活动名称：芽芽生长地

活动目标：

1.有好奇心和求知欲，喜欢运用多种感官感知周围事物，体验探索的乐趣。

2.喜欢爱护动植物，愿意饲养小动物、给植物浇水等，并获得与此相关的知识经验。

教师指导策略：

1.以自身的好奇心、探究精神和对科学的热爱感染幼儿，并和幼儿一起探索。

2.引导幼儿通过观察丰富多彩的动植物，如各种花朵、金鱼，获得美的感受。

（七）阅读区

活动名称：快乐书吧

活动目标：

1.喜欢并注意倾听成人讲图书和看熟悉的、感兴趣的图画书。

2.愿意跟读儿歌，复述与表演短小的故事或故事的一部分，感受其中的乐趣。

3.愿意用语言与别人交往，喜欢应答，并能注意倾听他人讲话。

教师指导策略：

1.尝试不同的阅读方式，选择适合幼儿的阅读。

2.在幼儿感兴趣的部分可多作停留，为幼儿充分、探索、讨论游戏的时间，鼓励幼儿大胆想象、猜想与表达。

七、集体教育活动

活动一：社会活动——认识小鱼

活动目标：

1. 鼓励幼儿愿意用语言表达自己的感受
与发现。

2. 让幼儿初步了解小鱼的主要外形特
征。

3. 引导幼儿喜欢小鱼，并愿意在教师的
引导下仔细观察小鱼。

活动准备： PPT 课件、各种鱼的图片、音乐。

活动重点： 愿意用语言表达自己的感受与发现。

活动难点： 能够用语言描述小鱼的主要外形特征。

活动过程：

1. 游戏导入，引发兴趣，教师说儿歌，当说到"变成小鱼水中游"时提问：
小鱼在水中是怎样游的？请幼儿进行讲述并模仿小鱼游的动作。

2. 播放音乐，幼儿一起学习小鱼自由自在地游来游去。

3. 教师出示图片：这些小鱼好漂亮呀！你们仔细看一看，小鱼长什么样
子？请幼儿进行讲述。

4. 播放课件，请幼儿欣赏。

问：这些小鱼朋友分别穿了一件什么颜色的衣服？

（1）仔细看一看小鱼的眼睛是鼓鼓的吗？

（2）小鱼们生活在什么地方？

5. 幼儿一起交流说说自己认识的小鱼，然后请个别幼儿进行讲述。

教师小结：海洋里的鱼可真多呀，每一种鱼都跟别的鱼长得不一样，有
的大、有的小、有的扁圆、有的细长、有的身上有刺、有的身上有美丽的花纹、
有的鱼还会变色，甚至连游泳的方法也不一样，有趣极啦！

活动延伸： 将小鱼卡片投放到科学区，供幼儿观察鱼身上不同的花纹。

活动二：科学活动——奇妙的海底世界

活动目标：

1.喜欢参加科学活动，体验活动的乐趣。

2.认识常见、常吃的水产品，并能说出它们的名称。

活动准备：

经验准备：带幼儿参观海底世界。

物质准备：水产图片。

活动重点：认识常见、常吃的水产品。

活动难点：能够说出常见的水产品的名字。

活动过程：

1.小朋友们，你们去过海底世界吗？海底世界是什么样子的？里边都有什么？幼儿相互交流回答。

教师出示PPT图片，让幼儿欣赏海底世界。

2.边看PPT边给幼儿讲解水产品的名称，如鱼、虾、螃蟹、海带等。

3.小朋友们仔细观察，这些水产品的形状是什么样子的？有什么特点？教师对幼儿进行指导。

4.小朋友们，生活中我们还有哪些常见的水产品？你们都吃过哪些？请幼儿回答。

5.教师小结：水产品的种类有许多，如鱼、虾、螃蟹、海带等，它们都生长在海里或湖泊里，这些水产品都可以加工成美味的食品。它们是我们的好朋友。

活动延伸：可以将水产品的图片投放到美工区，供幼儿绘画。

活动三：语言活动——三条鱼

活动目标：

1.喜欢参加语言活动，体验活动的乐趣。

2.让幼儿理解儿歌内容。

3.知道并了解词语"孤孤单单""快快乐乐"的含义，并会运用。

活动重点：让幼儿理解儿歌内容。

活动难点： 知道并了解词语"孤孤单单""快快乐乐"的含义，并学会运用。

活动准备：

1.三条鱼的图片。

2.教师表演所用头饰。

3.配乐两首（悲伤及快乐的音乐）。

活动过程：

1.教师表演三条鱼的儿歌内容，帮助幼儿理解儿歌的主要内容

今天程老师给小朋友表演一个节目，在表演之前有一个问题：这三条鱼的心情一样吗？小朋友要认真观看哦。

2.借助图片，理解儿歌内容

（1）出示一条鱼，提问：你们看看这条小鱼怎么了？它的嘴巴和眼睛都是什么样的？（幼儿回答，教师总结并朗读儿歌第一句：一条鱼，水里游，孤孤单单在发愁。）

（2）出示两条鱼，提问：咦，你们看现在游来了几条小鱼呀？那它们在干什么呀？和刚才那条鱼的表情一样吗？（幼儿回答，教师总结并朗读儿歌第二句：两条鱼，水里游，摇摇尾巴点点头。）

（3）出示三条鱼，提问：你们快看，这三条鱼和前面的鱼有什么不一样呢？它们为什么会这样呢？（幼儿回答，教师总结并朗读儿歌第三句：三条鱼，水里游，快快乐乐笑开口。）

（4）出示图片：请小朋友们观察一下，哪个鱼缸的鱼最开心？哪个鱼缸的鱼最难过？（结合情境简要理解词语：快快乐乐，孤孤单单）

3.教师和幼儿一起读儿歌。

4.游戏：配音乐玩小鱼游的游戏。教师播放音乐，幼儿表演小鱼游来游去的样子。

5.教师小结：一条鱼很孤单，很多条鱼很快乐，我们小朋友要一起玩才快乐，互相分享，互相玩耍，才不会孤孤单单！那我们一起去找好朋友吧！

活动四：健康活动——小鱼吐泡泡

活动目标：

1.喜欢参加健康活动，感受喝水的乐趣。

2.通过游戏的方式爱上喝水。

3.了解水对我们身体的重要性。

活动准备：泡泡贴纸。

活动重点：感受喝水的乐趣。

活动难点：通过游戏的方式爱上喝水。

活动过程：

1.边说儿歌边将准备好的泡泡贴纸贴到小鱼的背景墙上，吸引幼儿的注意，激发幼儿喝水的愿望。

老师：小鱼喝了一大口水，咕！打个饱嗝，就吐出了一个圆泡泡。你想不想也让小鱼吐个泡泡呀？我们也来喝水吧！让小鱼吐出许多许多的圆泡泡。

2.示范粘贴的方法，教师给每名幼儿一枚泡泡贴纸，教师为幼儿讲解怎样将贴纸撕下来，然后把"泡泡"粘贴到墙面上有自己小标记的小鱼的上方。

3.教师为幼儿讲述水对身体的重要性。水是生命的基础，水占人身体的比例很大，失去过多的水我们身体就有危险。水对身体有好多好处，如可以帮助身体消化、排泄废物等。

4.与幼儿一同喝水，鼓励幼儿自己粘贴小泡泡，让幼儿爱上喝水。

活动延伸：鼓励幼儿多喝水，做到随渴随喝。

活动五：体育活动——捞小鱼

活动目标：

1.喜欢参加体育活动，感受游戏的快乐。

2.在游戏中能够遵守游戏规则。

3.锻炼幼儿的肢体运动能力。

活动重点：在游戏中能够守游戏规则，体验与大家共同游戏的快乐。

活动难点：小鱼钻渔网的时候要保持一定的距离，注意安全。

活动准备：圆形场地为池塘

活动过程：

1. 准备活动，引出捞小鱼的游戏

（1）师：还记得我们上次学过的歌曲《鱼儿的好朋友》吗？一条小鱼怎么游呀？两条小鱼呢？……我们边唱边游一游好不好？

附歌曲：

一条鱼，水里游；东游西游找朋友；

两条鱼，水里游，摇摇尾巴点点头；

三条鱼，水里游，快快乐乐做朋友。

（2）师：歌曲里唱的是谁啊？今天老师和小朋友一起玩一个捞小鱼的游戏吧。

2. 教师讲解"捞小鱼"的玩法、规则

（1）师：捞小鱼需要什么呢？要有渔网、小鱼……

（2）师：谁想扮演渔网，我选 ×××两个小朋友扮演渔网，再选×××几个小朋友扮演小鱼……听到开始的信号后，当鱼网的小朋友两人面对面站好，双手互相拉住高举过头，形成"渔网"，让鱼排成纵队，按顺序从"渔网"下穿过，当"渔网"的两人一起说歌谣："一网不捞鱼，二网不捞鱼，三网捞一条小尾巴尾巴尾巴……鱼"当说完最后一个鱼字时，当"渔网"的小朋友就扣住一条鱼，如被网住，问被捞住的"小鱼"："你是大鱼还是小鱼？"若说："大鱼"就说："把它送到鱼市上去。"若答"小鱼"就说："把它留在小二班养着吧"，放开"鱼"，游戏重新开始。

（3）师："小鱼"钻"渔网"的时候要保持一定的距离，否则容易摔倒；捕鱼的小朋友手臂圈住"鱼"的时候，注意不要碰伤他人。

3. 组织游戏

（1）师生分别扮演小鱼和捕鱼人，幼儿要知道躲闪，看谁不被捉到。

（2）提示：游戏中孩子们从"网"下钻过时，要保持一定的距离，否则容易摔倒；用手臂圈住"鱼"的时候，注意不要碰伤他人；注意游戏过程中的安全。

（3）老师带领幼儿做小鱼游泳的动作回教室。

活动延伸：可以在表演区投放《鱼儿的好朋友》歌曲，供幼儿表演。

活动六：音乐活动——律动小鱼游

活动目标：

1.积极地参加活动，感受参与活动的乐趣。

2.熟悉乐曲，了解乐曲的结构特点。

3.通过观察尝试用肢体动作表现小鱼在水里跳跃、游泳、吐泡泡的情景。

活动准备：

1.音乐《小鱼游》。

2.活动室内准备多个鱼缸，放养不同的小鱼，用报纸遮住。

3.每人一个小鱼的胸饰。

活动重点：熟悉乐曲，了解乐曲的结构特点。

活动难点：尝试用形体动作表现小鱼在水里跳跃、游泳、吐泡泡的情景。

活动过程：

1.幼儿听音乐，自由地做各种小动物的模仿动作进活动室。（小兔跳、龟爬、鱼游）

2.熟悉乐曲的旋律

（1）师：今天程老师给小朋友带来了一段非常好听的音乐，请你仔细听一听，感觉好像是谁来了？

（2）欣赏音乐。

（3）教师提问：

①这段音乐好听吗？

②听了这段音乐你觉得是谁来了？（幼儿自由回答，如鱼、螃蟹、蛇等）

3.用形体动作尝试表现水中的小鱼

（1）师：那到底是谁来了呢？我们一起把它请出来好吗？（幼儿集体数

数，请个别幼儿掀开遮住的鱼缸）小朋友看，谁来了呀？原来是小鱼和我们来做游戏了，我们赶快去找一条小鱼做朋友吧，看看你的小鱼朋友长得什么样子？（播放音乐，幼儿自由地去观察小鱼，给它们喂食）

（2）师：你的小鱼长得怎样？身上有什么？你能不能用动作来表示？（鼓励幼儿用不同的形体动作来表示小鱼）

（3）集体听音乐表现。

（4）提问：你知道小鱼在水中会做些什么事吗？安静的时候会干吗？高兴的时候又会做什么呢？（请幼儿自由的找小鱼进行观察）

（5）小鱼想呼吸新鲜空气的时候会做什么事呢？（跳出水面）请你用动作表现出来。（鼓励幼儿用不同的动作表现，对优美形象的动作集体进行模仿）我们可以用音乐中的哪一段来表示呢？（A段）

（6）那它们玩的高兴的时候又会做些什么事情？（吐泡泡、游来游去）我们可以用音乐中的哪一段来表示？（B段）

（7）幼儿自由地听着音乐表演动作。

4.游戏《快乐的小鱼》

（1）师：今天我们发现了许多小鱼的秘密，尝试了用动作来表示跳跃、吐泡泡的小鱼，你们想不想也来做一条小鱼呀？（幼儿集体戴上胸饰，表示一条小鱼）

（2）幼儿完整地听音乐进行表演，教师引导幼儿根据不同的音乐表现不同的动作。

（3）请幼儿自由地邀请其他小鱼共同表演。（结束活动）

活动七：美术活动——画小鱼

活动目标：

1.幼儿愿意参加美术活动，提高对色彩的兴趣。

2.幼儿能用不同颜色搭配的方法，涂出漂亮的小鱼。

3.感受作品的美感。

活动准备：

1.多媒体课件。

2.1块贴有水草的蓝色泡沫板。

3.音乐《小鱼儿》。

4.小鱼图片。

5.油画棒、白纸。

活动重点： 幼儿能用不同颜色搭配的方法，涂出漂亮的小鱼。

活动难点： 能够用对称的方法装饰小鱼。

活动过程：

1.教师以谈话引入海底世界

师：小朋友，今天我带你们参观一个非常美丽的地方。请你们轻轻闭上眼睛。好了，睁开眼睛吧，看，它就是美丽的海底世界。

2.引导幼儿观察画面，加深幼儿对色彩的认识

师：你们看到了什么？

幼儿：小鱼。

师：这些小鱼漂亮吗？

幼儿：漂亮。

师：为什么觉得它们漂亮呢？

幼儿自由回答。

师：因为它们身上穿了漂亮的衣服。

3.出示海底世界背景图，激发幼儿兴趣

（1）师：这里还有一幅海底世界的图片，请大家仔细看，这幅图上缺少什么呢？

幼儿：没有鱼。

（2）师：海里没有鱼，大海很孤单。它想请小朋友们帮忙添上一些美丽的鱼，好吗？

4.幼儿动手操作

（1）教师出示已上色的示范鱼：这是我为大海添加的小鱼。你们看，我画的小鱼用了什么颜色呢？幼儿：用了红色、黄色和绿色。教师：哦，原来我用了三种颜色，画出了漂亮的小鱼，而且颜色涂得很均匀。教师出示未上色的示范鱼并示范涂色：还有一尾小鱼，我们来给它穿上美丽的衣服。请小

朋友们仔细看，我是怎么来涂色的。

（2）教师将涂色纸发给幼儿。师：请你们用灵巧的小手，给这些小鱼画上漂亮的衣服。

（3）幼儿自主涂色，教师播放音乐《小鱼儿》并巡视，重点指导动手能力较差的幼儿。

（4）教师出示泡沫板，组织幼儿将自己涂的鱼贴在泡沫板上。师：鱼儿们要开始做游戏了，我们快把小鱼送到这蓝色的大海里。

5.结束部分

师：今天，我们用不同的颜色为小鱼穿上了美丽的花衣裳。大家都涂得很好。瞧，小鱼们好像在说："我们的衣服真漂亮啊！谢谢你们！"其实呀，在我们生活的周围，不仅有漂亮的鱼儿，还有许多可爱的小动物。我们不能伤害它们，要和它们交朋友，保护它们，做一名保护动物的小卫士。现在，请所有的小朋友排好队，轻轻地走出教室，我们一起到草地上去寻找大自然中的小动物吧。

活动八：数学活动——小鱼一样多

活动目标：

1.在游戏中体验数学活动的乐趣。

2.能够感知 5 以内数量。

3.会比较 5 以内数量的多少。

活动准备：

经验准备：在日常生活中幼儿已会辨认 1—5 的数字；会正确区分红色和蓝色；幼儿会使用木夹子。

物质准备：1—5 的数字卡；5 条红鱼和 3 条蓝鱼的示意图 3 张；红、蓝水彩笔各 1 支；进场音乐和游戏进行时的音乐各 1 段等教学用具。

学具：红、黄、蓝、紫色小鱼若干（木夹子染上颜色、画上眼睛当小鱼）；筷子人手两根；包装数量错误的小鱼若干份（卡纸中间写有 1—5 中的任意一个数字，卡纸边上夹上与中间数字不一样多的小鱼）；大箩筐 1 个；小箩筐 3 个；小水桶 24 个等学生用具。

活动重点：能够感知 5 以内数量。

活动难点：能够比较 5 以内数量的多少。

活动过程：

1.师生拎小鱼桶入场，激发幼儿活动兴趣（幼儿拎着装有红色、蓝色小鱼的小鱼桶在室外排队）。师生一起跟随音乐愉快入场。

2.游戏一：晒小鱼（红色），会准确地进行手口一致点数并说出总数（数量尽量控制在 5 以内）。

（1）老师讲解"晒鱼"游戏的规则和要求。

（2）师生一起在音乐声中"晒小鱼"，老师提醒幼儿边晒小鱼边点数。音乐停的时候，大家都停止"晒小鱼"。

（3）幼儿数数自己晒了几条红色小鱼？

（4）请个别幼儿说说自己晒的小鱼数量。

（5）老师举 1—5 的数卡，每举一个数卡，请晒了相应数量小鱼的幼儿站起来展示一下。

3.游戏二：变小鱼，能够把不一样多的鱼变成一样多

（1）幼儿尝试把自己的红色小鱼变得跟老师的一样多。

（2）老师出示自己晒的一串红色小鱼（数量为 5），请幼儿一起数一数，老师晒了几条红鱼？

（3）请幼儿比一比自己晒的小鱼数量和老师晒的小鱼数量，谁多？谁少？

（4）启发幼儿想一想用什么办法把自己的小鱼变得跟老师的一样多？

（5）幼儿操作，老师个别指导。

（6）请幼儿说说自己用什么办法把小鱼变得跟老师的一样多？老师小结。

4.师生晒蓝色小鱼

（1）师生在音乐声中比赛"晒鱼"（游戏规则同上面晒红鱼的规则）。

（2）音乐停的时候，停止"晒鱼"，请幼儿轻声、快速地数数自己晒了几条蓝色小鱼？

（3）幼儿尝试把自己的蓝色小鱼变成和老师的一样多。

①数数老师晒了几条蓝色小鱼？（老师出示自己晒的蓝色小鱼，数量为3）

②引导幼儿想一想，用什么办法把自己晒的蓝色小鱼变得跟老师的一样多？

③幼儿操作，老师个别指导。

④请幼儿说说自己用什么方法把蓝鱼变得跟老师一样多？老师小结。

（4）幼儿练习用"添上"或"去掉"的方法把自己的红色小鱼和蓝色小鱼变得一样多。

①请幼儿比一比自己的红鱼和蓝鱼，谁多？谁少？

②引导幼儿想一想能用几种方法把红鱼和蓝鱼变得一样多。

③幼儿操作，老师个别指导。

④请个别幼儿说说自己的方法，教师总结。

（5）请幼儿把自己的红鱼和蓝鱼放在小鱼桶里，师生一起送到指定的地方。

5. 游戏三：包装小鱼，用不同的方法把不一样多的变成一样多

教师讲解游戏规则：食品加工厂有一批小鱼不符合包装要求，每一份小鱼数量与包装纸上的数字不一样，要求把每一份小鱼数量变得和包装纸上规定的数字一样多。数量对了就放到盒子里。

八、户外活动

孩子是活泼好动的，可爱的小动物对这个年龄段的孩子有着无限的诱惑更是他们很好的玩伴。孩子与小动物接触玩耍，既培养了热爱自然的情感又发展了各种感官能力。在这组活动中利用孩子喜欢的、生活中常见的鱼作为载体，通过网小鱼、钓小鱼、小鱼吐泡泡、小鱼游等环节，让孩子们在轻松的游戏中度过美好的时光。

集体活动：钓小鱼

活动目标：

1. 感知不同颜色的小鱼，学会初步的分类。

2. 初步培养幼儿专注参与活动的能力。

活动准备：

1. 红、黄、绿3色小鱼若干条（鱼嘴处别上回形针），人手1根钓鱼竿（下面绑有吸铁石）。

2. 红、黄、绿大鱼缸图片。（布置在墙面上，鱼缸表面贴好双面胶）

活动过程：

1. 教师出示各色小鱼，引导幼儿认认说说，并强调小鱼的颜色：红色的小鱼，黄色

的小鱼，绿色的小鱼。

2.教师讲解游戏玩法。

我们要将池塘里面钓出来送到大鱼缸里面去。教师手指着墙面上的鱼缸说："红色的鱼住红色的鱼缸，黄色的鱼……"

3.幼儿和教师一起玩"钓小鱼"的游戏。

指导策略：

1.引导幼儿边说边做，认认颜色并控制小手准确地钓出小鱼。

2.提醒幼儿将不同颜色的小鱼贴到对应的鱼缸上。

3.活动中老师讲述时要引导和鼓励幼儿认真倾听，在生活中也可以通过一些小游戏来培养幼儿的专注力。

集体游戏：网小鱼

活动目标：

1.喜欢参加体育活动，感受游戏的快乐。

2.能主动和大家问好，敢于在大家面前大胆地介绍自己。

活动准备：渔网一个。

活动过程：

1.教师和幼儿交流问候，表示欢迎。

2.点名游戏："网小鱼"。

教师向幼儿挥手说：小朋友好！引导幼儿用小手挥一挥，也向老师打个招呼。师：××老师很想来认识一下每个小朋友，我们一起来做个网小鱼的游戏吧。

游戏玩法：出示呼啦圈：看，这是我的渔网。说完边走边唱《网小鱼》，唱到最后一句时，用渔网套住宝宝，请宝宝站起来向大家挥挥手，并引导幼儿介绍自己的名字"我叫×××。"最后带领大家一起拍手说："×××/×××欢迎你！"

集体游戏"网小鱼"，直到每名幼儿都被介绍到。

指导策略：

1.鼓励幼儿大胆自信地站起来介绍自己，向大家挥挥手。

2.引导幼儿拍手说：""×××/×××欢迎你！"

九、社会领域园本课程创设反思

社会活动（认识小鱼）：幼儿结合自己的生活经验，认识了好多小鱼。可以将小鱼的图片投放到科学区，继续让幼儿研究、观察。

科学活动（奇妙的海底世界）：个别幼儿对水产品特点了解薄弱，教师需要指导、讲解。幼儿通过本节课的学习认识了水产品，个别幼儿还需要加强认知，在阅读区可以投放一些关于海底世界的书籍，供幼儿阅读。

语言活动（三条鱼）：个别幼儿在回答问题的时候需要教师指导。通过学习，幼儿能够描述画面内容，个别幼儿的表达能力还需要加强。

健康活动（小鱼吐泡泡）：幼儿对本节课很感兴趣，课堂表现活跃，积极回答问题，幼儿能够完成本节课的教学目标。生活中也要鼓励幼儿多喝水。

体育活动（捞小鱼）：幼儿在玩游戏的过程中很快乐、积极地参与游戏。大部分幼儿能够遵守游戏规则进行游戏，个别幼儿还需要加强。主题环境创设反思本次主题活动接近幼儿生活，通过幼儿们喜欢的小鱼开展的活动，幼儿们在五大领域都取得了很大的进步。

要正确看待生活课程。生活课程，其实是生活与教育的有机整合。因此，一方面要求我们在孩子的一日生活中渗透教育的因素，从而使教育对生活进行改造，如本案例中通过孩子们感兴趣的小鱼为出发点，开展各种关于小鱼的活动，促使孩子全面发展；另一方面，也要求这类教育体现生活的特点，如随机地自然地在相应的生活环节中开展。

生活活动也可以用探究的方式开展。历来，生活教育往往以传递的方式进行，大的传小的，经验丰富的传经验浅薄的。为引导孩子主动学习，让孩子真正成为自己生活的主人，生活活动也需要同时也可以用探究的方式开展。在本案例中，教师在区域创设中增加"小鱼交朋友"游戏，培养幼儿的人际交往能力。

要充分挖掘生活活动的教育价值。除自我学习能力外，在生活活动中还要挖掘更多的教育价值。因为生活活动是一种日复一日的重复性活动，因此可以培养孩子的坚持性、培养孩子的独立生活能力，学习自己解决生活问题的能力，比如"小鱼爱喝水""我为小鱼穿新衣"等。

第二章 中班篇

提倡节能环保，享受低碳生活

班级：中二班　撰稿教师：姜燕

一、主题来源

"节能减排""低碳生活"不仅是当今社会的流行语，更是关系到人类未来的战略选择。低碳生活，节能环保，有利于减缓全球气候变暖和环境恶化的速度，势在必行。减少二氧化碳的排放，选择低碳生活，是每位公民应尽的责任，利用孩子的"小手拉大手"，去感染带动身边的人，大家一起行动起来！

二、幼儿情况分析

本班共有幼儿 28 人，其中男生 15 人，女生 13 人。经过一年的集体生活，幼儿在各方面都有了很大的进步，在健康领域中，幼儿形成了良好的洗手、进餐、穿脱衣服等生活卫生习惯，具备了初步的自我服务能力；在社会领域中，大多数幼儿会把"早""谢谢""再见"等礼貌用语常挂口中，只有少数幼儿需要提醒，在游戏过程中多数幼儿已经具备了初步的规则意识，并能愉快的参与各项活动。在语言活动中，多数幼儿能安静的倾听老师、同伴讲话、能听懂普通话，喜欢参加儿歌、故事、讲述等语言活动。在科学活动中大部分幼儿参与活动的兴趣较高，愿意与同伴一起参与活动。在艺术领域中幼儿能跟着音乐拍手做动作，而且部分幼儿能用好听的声音大胆地唱歌，并喜欢到前面来表演给大家看。新学期我们将总结上学期工作的基础，在《3—6岁儿童学习与发展指南》思想指导下，以幼儿为本，积极运用多种有效手段，灵活组织幼儿开展各项活动，使每个幼儿富有个性的发展。

三、主题网络图

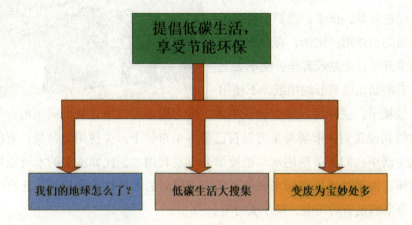

四、主题活动总目标

（一）初步了解环境污染的主要原因，萌发环保意识。

（二）通过变废为宝的活动，加深幼儿对低碳生活的认识，从而落实到行动中去。

（三）懂得"垃圾分类"的意义，通过认识不同材质的垃圾，会将垃圾进行分类和很好地利用，以及如何引导幼儿更好的低碳生活。

五、主题活动具体实施

（一）我们地球怎么了

活动一开始，教师组织幼儿搜集了关于环境污染的图片和由于环境污染导致的灾害，利用生活活动和教育活动，和幼儿们一起说说都产生了哪些环境污染，这些污染对我们人类和地球会造成哪些危害，从而激发幼儿保护环境，保护地球的愿望。经过分享，孩子们总结出生活中的环境污染都包括工厂排出废烟、废气、废水；生活中我们随意扔掉的垃圾；汽车产生的废气和噪声；大量使用化肥、杀虫剂、除草剂等化学物质等，而这些污染会使全球变暖形成温室效应、影响植物的生长、会使我们空气变得很难闻，进而让我们的天空不再变蓝，让我们的大山不再绿，会使更多的人生病。

（二）低碳生活大搜集

孩子们了解环境污染的危害后，教师组织幼儿开展了"低碳生活大搜集"

的活动，经过有趣的活动幼儿总结出了怎样保护地球，怎样低碳生活的方法。经过分享，孩子们搜罗了很多低碳生活的小妙招。比如，有的幼儿说可以少开车，走路或者坐公交车去上班；有的幼儿说要节约用纸，不使用一次性筷子，这样可以减少砍伐树木，因为树木可以净化我们周围的空气；有的幼儿说我们去市场买菜可以自己带一个布袋子，少使用塑料袋；有的幼儿说生活中我们要节约用水，也要学会重复利用水，比如洗菜的水可以用来冲厕所、淘米的水可以用来刷碗、洗完衣服后的水可以洗拖把等；还有的小朋友分享的是节约用电，随手关灯等。

（三）变废为宝妙处多

利用废旧材料进行有创意的设计活动能培养幼儿的想象力、创造力，并能通过幼儿的再次利用不仅发挥了材料的潜在价值，激发幼儿进行探索、合作、制作的兴趣，还培养了孩子们的环保意识，因此开展了这次活动"变废为宝妙处多"的活动。为了使活动有效开展，更好地让幼儿从隐性环境中体验"变废为宝"的价值，恰好赶上我园更换空调，这样就剩余了很多空纸箱，我们充分利用这个资源，在班级的整体环境创设中使用了纸箱做花边，再与麻绳进行充分组合，有纸盒做的自制玩教具、铁罐、废旧轮胎打造的植物角，孩子们是利用薯片桶、茶叶桶等制作建构区中的各种小汽车，通过"变废为宝"的活动和环境的隐形教育孩子们充分感受到了"变废为宝"的价值，很多孩子还巧思妙想了关于废报纸、牛奶盒、塑料瓶、吸管等在生活中的再利用。

六、班级区域活动的创设

（一）图书区

区域目标：

1.喜欢欣赏不同体裁的文学作品，包括幼儿们自制图书、儿歌、绘本故事、童话故事等。

2.帮助幼儿了解低碳生活的知识，进而增强保护地球环境的愿望。

区域材料：投放幼儿们自制保护环境的图书、爱护环境的科普绘本。

开展过程：在图书区中，开展了以故事表演为主的绘本剧活动，孩子们自由挑选自己喜欢的绘本故事书，先熟悉了整个故事的内容，熟记了故事中人物的语言对话，然后幼儿可以根据故事中几段情景确定表演方式和出场秩序等。另外，就是孩子们自制的保护环境图书，小朋友互相讲解，了解低碳生活的常识，进而增强保护地球环境的愿望。

（二）植物角

区域目标：

1.了解植物的不同生长方式。

2.能够连续观察植物的变化并进行记录。

区域材料：记录表、笔、各种测量工具，植物等。

开展过程：植物角是按照植物种植的方式展开的活动；主要分为观赏区、水培区、种植区、实验区；了解种子、黄豆的发芽过程，在观察的基础上对其进行记录。

（三）美工区

区域目标：

1.在做与玩的过程中，锻炼幼儿的动手能力，体验变废为宝的快乐。

2.发展幼儿手部动作的灵活性，能大胆、清楚地表达自己的见解，体验变废为宝的快乐。

区域材料：收集各种废弃的、清洁无毒的纸盒、手纸卷筒、各种小瓶盖、小木棍和天然松子等材料。

开展过程：在美工区中，进行了创意制作，孩子们利用收集来的各种材料进行创意制作。在活动中，有的小朋友用松子做卡通小人、用纸盒做小汽车、用小瓶盖制作花朵等，这些材料经过幼儿的巧妙改变，变成了一个个的小小艺术品，孩子的成就感也得到了提升。

（四）表演区

区域目标：

1.愿意参加音乐活动，能够从音乐表演中获得愉悦和美感。

2.能够有很好的使用表演区的材料并遵守表演区的常规。

区域材料：投放爱莎公主服饰、爱莎公主头饰、背景图、幼儿自制的表演材料等。

开展过程：由于幼儿特别喜欢爱莎公主的电影，在一日生活中，教师也发现有很多幼儿喜欢扮演爱莎公主，因而和孩子们商量过后，为幼儿创设了易于表演的区域，提供爱莎公主的主题曲，在表演的过程中。教师也参与幼儿的各项表演活动，及时鼓励和肯定幼儿的表现，激发他们参加音乐活动的兴趣。

（五）建构区

区域目标：

1.尝试在主题搭建和背景装饰中表达对周围事物美的认识与感受。

2.在搭建的过程中能够合理地使用各种废旧材料，乐于使用废旧材料进行有创意的搭建。

3.尝试在搭建过程中合理分工，完成搭建计划。

区域材料：积木、酸奶盒、薯片桶等。

开展过程：在建构区中，搭建主题是"漂亮的小区"，幼儿首先会设计出自己要搭建的小区设计图，然后会按照自己的意愿进行分组，商量出每组负责的内容，有意识地培养幼儿合作建构，并在游戏中轻声商量，不大声喧哗。

七、生活活动创设

在生活活动中，设置了健康知识"打败病毒"和"垃圾分类从我做起"两项活动，旨在培养幼儿健康的生活方式和了解垃圾分类的意义，懂得保护环境，节约资源。

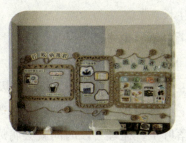

八、集体教育活动

活动一：语言活动——保护环境

活动目标：

1.保护身边环境从自身做起，从身边小事做起，了解垃圾的危害。

2.减少垃圾的产生，提高幼儿从小养成保护环境的良好习惯。

3.幼儿知道保护环境，人人有责。

活动重点：幼儿能够大胆地在众人面前将自己的想法表达出来。

活动难点：保护身边环境从自身做起，从身边小事做起，了解垃圾的危害。

活动准备：

经验准备：幼儿知道保护环境的重要性。

物质准备：与活动主题有关的书、图片、光碟及文字资料。

活动过程：

1.观看垃圾污染的视频，引出活动

师：小朋友，上课前老师先请你们来看一段录像。

师：从这段录像中你们都看到了什么？用自己的话说一说吧！

幼："有很多垃圾""公路的两侧有垃圾，很臭""小河里面有垃圾也很臭""水果皮、饮料瓶、雪糕袋、塑料袋、糖果纸"等。

师："这些垃圾污染了我们生存的环境，我们怎样做才能保护身边的环境呢？

幼：自由回答。

师：小朋友们想一想，如果每个人每天都制造许多垃圾，那将会是什么样呢？

幼："垃圾会让干净的水变得很脏。""小河被垃圾污染了，小鱼和小虾就会死掉、路的两侧有垃圾污染环境、人就会很容易生病、植物被污染了就不能生长。"

2.看一看，说一说

（1）垃圾的家在哪里？

师：人类每天都会制造大量的垃圾，这么多的垃圾怎样处理呢？

师：这些垃圾会通过掩埋、焚烧等方式进行分解。如食物、一些自然垃圾（如落叶），掩埋一段时间就会腐烂；但有些垃圾是很难分解的（如塑料和玻璃做成的东西，其中有一些是可以进行二次回收再利用的）。

（2）如何利用垃圾？

师：小朋友都知道垃圾可以回收，那究竟什么垃圾可以回收呢？

幼："废纸可以回收。""喝完的饮料罐可以回收。"

师：我们怎样可以变废为宝呢？

幼：可以用回收的纸盒进行手工制作，做很多好玩的玩具。还有很多的垃圾可以加工利用，因此减少了对环境的污染。

师：知道垃圾有这么多的危害，那我们应该如何去做呢？

幼：我们应从身边的小事做起，不要乱扔纸屑、水果皮、饮料瓶、塑料袋、糖果纸等。

（3）我们应该怎样做呢？

师：你们知道垃圾严重地影响着我们周边的环境，除了老师、爸爸妈妈和小朋友一起保护环境外，还有什么办法，可以让更多的人一起参与保护环境的大行动中呢？

幼："我们可以去告诉身边的叔叔、阿姨和小朋友一起保护环境。"

3.学学儿歌《不乱扔垃圾》

《乱扔垃圾可不好》

小猴子，蹦蹦跳，爬上大树摘香蕉；

吃完香蕉皮乱扔，不讲卫生真糟糕。

小花猫，喵喵叫，吃完小鱼胡子翘，

鱼刺扔进垃圾筒，讲究卫生妙妙妙。

我们所有小朋友，良好习惯要记牢，

清洁卫生人人爱，乱扔垃圾可不好。

4.教师小结：小朋友，通过这节课让我们知道了保护环境对人类的重要性。希望小朋友们从我做起，互相监督，共同爱护我们的家园，为把我们的家园变成绿树环绕、百花飘香的大花园而共同努力吧！

活动二：社会活动——垃圾分类

活动目标：

1.通过故事，了解垃圾分类的意义，激发幼儿保护环境的情感。

2.初步学会按标记（可回收、不可回收）给垃圾分类，树立环保意识。

活动重点：学习如何进行垃圾分类，学会根据它们的材料属性、颜色、作用进行分类。

活动难点：懂得保护环境人人有责，认识宣传的重要性。

活动准备：

经验准备：幼儿了解清洁和污染的不同。

物质准备：各类垃圾一大袋、小桶若干、分类记录卡与幼儿人数相等。

活动过程：

1.播放录像，引导幼儿比较邋遢市和清洁市

提问：1.你喜欢住在哪座城市？为什么？2.如果你在邋遢城市，感觉怎样？3.怎样使邋遢城市变成清洁城市呢？

2.观看故事视频《小猴的城市》，认识垃圾分类标志，进行分类。

师：在故事中我们看到小猴在城市里开了垃圾回收站，你觉得它做得好吗？

（1）故事中垃圾桶上的标志都是什么意思？（幼儿讨论）

（2）视频里，小猴的分类对吗？

（3）哪个放错了呢？你会怎样放呢？

3.了解垃圾回收利用

（1）这些回收的垃圾为什么要把它们分开放？还能有什么用呢？（幼儿讨论）

（2）播放录像，观看第二个视频《聪明的猴子》，了解垃圾的回收利用。

4.垃圾分类这么重要，我们今后应该怎么做呢？

引导幼儿在生活中也要进行垃圾分类，将垃圾分类延续到家庭中。

活动三：科学活动——节约用水我知道

活动目标：

1.了解国家水资源的现状，激发幼儿节约用水、保护环境的责任心。

2.懂得节约用水的一些好办法。

活动重点：懂得节约用水的一些好办法。

活动难点：激发幼儿节约用水保护环境的责任心。

活动准备：

经验准备：幼儿通过开展与水相关的主题活动，已经了解水在生活中的各种用途，以及水与人类生存密不可分的关系。

物质准备：1.多媒体宣传片：地球的"渴"望。2.教师设计好的节水宣传画白描图若干，样例1份，彩笔、油画棒若干。

活动过程：

1.谈话导入活动

师：小朋友们，谁能说说水有哪些用途呢？

幼：可以喝的；可以用来吹泡跑、玩游戏；可以用来浇花，可以用来洗脸、洗脚……

师：如果世界上没有了水，会怎么样呢？

幼：人就没有水喝，就会活不下去了；我们都会很脏，因为没有水洗澡；小动物也会没有水喝的，花和树也会枯死了；世界上就没有大海了……

观看多媒体宣传片，请幼儿说说都看见了什么。

师：水有这么多的用途，而且对人类非常重要，可是现在我们国家有很多地方都严重的缺水，那里的人们连喝水都很困难了！我们一起来看看吧！

（田里都干了，不能种粮食了、河里都没有水、池塘也干裂了、小朋友在水坑里舀水……）

2.激发幼儿情感，鼓励幼儿节约用水，从我做起

师：你们想不想帮助他们呢？我们应该怎么做呢？

请幼儿把与家长讨论的生活中节约用水的好办法与小伙伴一起分享。

幼儿讨论：用洗衣服的水拖地，洗青菜和洗手的水冲厕所或浇花；随时关紧水龙头，不让它滴水；用洗衣服的水来洗车、洗鞋；洗手的时候水不能开得太大，冲完厕所要关好水龙头；下雨的时候可以把雨水用盆和桶接着，存着可以用的。

3.画一幅节约用水的宣传画

4.分享绘画作品

活动四：美工活动——变废为宝

活动目标：

1. 对利用废旧材料小制作感兴趣。

2. 能利用废旧材料制作购物袋，并加以简单的装饰，能在创作的过程中获得成功。

活动重难点： 能利用废旧材料制作购物袋、纸盒，对利用废旧材料的小制作感兴趣。

活动准备：

物质准备：各种购物袋，盒子、卫生纸卷筒、剪刀、胶水等。

经验准备：对购物袋有初步的了解。

活动过程：

1. 出示生活中的废旧盒子、袋子

（1）师：你在超市买了东西，装在什么地方带回来？很多物品外面的包装是什么东西？

（2）师：你见过什么形状的购物袋？什么形状的盒子，它们是用什么材料做的？

（3）师：小朋友们想利用废旧盒子设计一个什么？（幼儿自由讨论）

2. 观察环保购物袋，讲解制作方法，出示购物袋、废旧盒子，让幼儿观察并讨论制作购物袋，废旧物品的好方法。

（1）师：我有一个购物袋，你们看看，要装东西，袋子应该有一个什么？

（2）师：其他三面应该怎么样？

（3）师：黏好了要装上什么东西才可以拎？

3. 幼儿制作

（1）鼓励幼儿大胆选择自己喜欢的材料创新各种有趣的废旧物品，并进行简单装饰。

（2）帮助能力较弱的幼儿完成重点部分。

（3）启发幼儿制作与别人不同的拎环。

4. 观赏展评

活动五：健康活动——水的作用

活动目标：

1.让幼儿讲述水与人们的密切关系，了解自来水的来源。

2.使幼儿明白水能解渴，应多喝开水。

3.教育幼儿节约用水，保护水资源。

活动重点：让幼儿讲述水与人们的密切关系，了解自来水的来源。

活动难点：教育幼儿节约用水，保护水资源。

活动准备：

经验准备：幼儿知道水的重要性，并且知道生活中要节约用水。

物质准备：水杯、水、PPT课件。

活动过程：

1.情景导入活动

（1）教师拿着水杯喝水。

师：小朋友，你们想喝水吗？

（2）请幼儿拿水杯喝水。

提问：喝完水有什么感觉？我们喝的是什么水？

2.了解自来水的来源

（1）我们喝的水是从哪里来的？

出示自来水净水过程图片，向幼儿介绍自来水净水的过程。

（2）来自江河里的水，我们能直接饮用吗？

师：江河里的水不干净，不能直接饮用，自来水厂把江河里的水抽上来进行加工、净化、消毒，变成自来水，透过自来水管道输送到各个地方，我们打开水龙头，自来水就会哗哗地流出来。经过加热，就可以喝了。"

3.水与人们的密切关系

（1）PPT课件：水的作用

了解水对人们的作用。

（2）PPT课件：如果没有水

我们要喝水，要洗衣服、洗菜、洗米、做饭。没有了水，我们就没有水喝，就会口渴；没有了水，我们就不能生活。

（3）节约用水，爱护水资源。

①水的用处那么多，我们应该怎样节约用水？

（让幼儿自由讨论，教师提示幼儿讲出：我们洗手时不要把水龙头开得太大，看到水龙头滴水应立刻关起来……）

②教育幼儿要珍惜水资源，节约用水，不要随便把水浪费掉。

4.活动结束

（1）教育幼儿多喝开水。

（2）水对人体有好处，对人们也有很多用处，所以，水是我们的好朋友，我们要节约用水，好好保护水资源。

九、社会领域园本课程创设活动反思

（一）幼儿养成了自觉的低碳生活习惯

在本次主题活动实施过程中，孩子们通过收集资料，观看视频、图片，亲身体验等，越来越意识到低碳生活的重要性，孩子们经常讨论如何才是低碳生活，自己是怎么做的，很多幼儿表示，要从小做一个低碳生活的践行者和倡导者。经常听孩子们说在洗手时互相提醒要把水开小些，不要浪费每一滴水；孩子们出去吃饭，会提醒家长带上碗筷，拒绝使用一次性碗筷、纸杯等；有的孩子出行时提醒家长少开车，多步行，说这样就可以看到蓝蓝的天；家长去超市时在孩子的提醒下，自觉带上购物布袋；孩子还经常给家长介绍一些有关饮食的健康知识，以前喜欢吃汉堡等快餐食品，现在知道那是垃圾食品，主动要求吃有营养的绿色食品；孩子们喜欢朗读低碳儿歌，并按照儿歌中的低碳方式去做……孩子们通过实际行动，呼吁我们要保护地球、节约资源、爱护动物、珍惜粮食，经过这段时间的研究，这样的低碳意识渐渐植根孩子们心中，低碳生活已成组成他们生活的重要部分。

（二）幼儿的各种能力有了明显提高

经过主题活动的开展，幼儿收集了大量废旧材料，在老师的引领下，一次次创造奇迹，将其变废为宝。如用手纸筒加以装饰，变成漂亮的笔筒；将废弃的光盘装饰成各种小动物摆件；洗衣液筒、饮料瓶等经过加工，就变成了简便耐用的喷水花洒；在不穿的旧T恤上剪一剪、画一画，就变成了好看方便的低碳购物袋等。在变废为宝的活动中，孩子们积极动脑筋，多方探究、尝试，利用瓶子、纸盘、饮料瓶、吸管、纸杯、挂历纸、一次性筷子、不同材质的空瓶、毛线、废布头等制作出了手工作品来美化环境。在反反复复的实验—失败—发现问题—再实验—体验成功中，孩子们的探究能力和创造力一步步增强。

蔬菜朋友

班级：中三班　撰写教师：李鑫钰 孙连红

一、学情分析

中班幼儿的思维是具体形象思维，想象力丰富，活动的主动性和积极性增强，开展符合中班幼儿年龄特点的主题活动更利于培养幼儿的探究意识和积累知识。中一班一共 32 名幼儿，其中男生 18 名，女生 14 名，经过小班一年的培养，幼儿的观察能力有一定的提升。

教学活动的选材应该贴近于幼儿的实际生活，正值 9 月，秋意渐浓，瓜果、蔬菜成熟，而蔬菜是幼儿每天都接触的食物，色彩斑斓、形态各异、营养丰富，但是对于幼儿来说有的蔬菜是美味的，很多幼儿知道蔬菜很有营养，多吃蔬菜对身体好，但幼儿对于蔬菜的认识程度以及对蔬菜的喜爱程度都是不够的，大多数幼儿只能说出两三种最常见的蔬菜名称，一部分幼儿吃饭时不吃蔬菜。如何唤起幼儿对蔬菜的喜爱之情，让幼儿在宽松、快乐、自然的情境中了解蔬菜特征，进而了解它们的营养价值呢？成为研究的主要问题。

二、主题来源

今天在吃午饭时，有位小朋友说了句："我不爱吃蘑菇，" "老师，他把茄子放在我的盘子里。"这是来自张艺萱小朋友的声音。不爱吃菜的小朋友总有，为了使孩子们膳食均衡，健康饮食，同时也为了让孩子们了解蔬菜的结构以及生长环境等，在调查中发现，幼儿对蔬菜的接触大多是一种自然的接触，一种模糊的感觉，幼儿只能说出部分蔬菜的名称，认知非常局限，而且幼儿不能准确地说出蔬菜生长在哪里，这就需要我们引导幼儿进行广泛地观察和学习，多了解植物与人类的关系，使幼儿能喜欢多种蔬菜，借以启发幼儿对大自然的喜爱之情，激发幼儿关注自然、热爱自然的情感。于是中一班确定这次主题活动为"蔬菜朋友"。

三、主题网络图

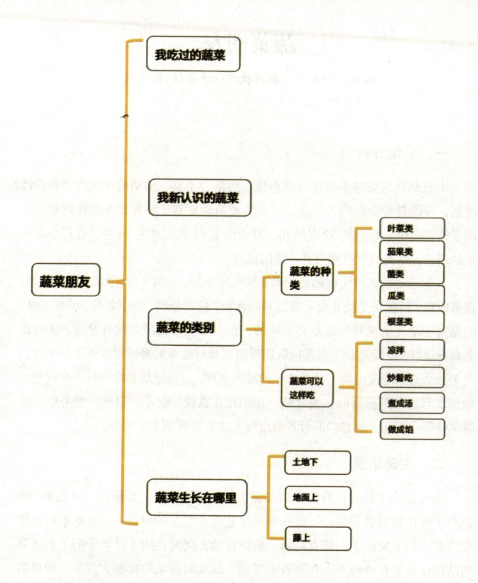

四、主题活动总目标

（一）萌发关注自然、热爱大自然的情感。

（二）对蔬菜有初步的认识，了解常见蔬菜外形结构、感知蔬菜的外形特征。

（三）发展观察能力，让幼儿知道多吃蔬菜对身体的好处，喜欢吃蔬菜等新鲜食品，养成不挑食的好习惯。

（四）知道蔬菜的不同类别，了解蔬菜中蕴含的丰富营养。

（五）能通过画、剪、折、黏、捏等美工活动制作蔬菜，发展手部小肌肉。

五、主题环境的实施

环境创设主要分为主题墙环境创设、区角活动环境创设、自主性游戏活动的创设。

（一）主题墙环境创设

中一班环境创设主要体现创新精神，让幼儿参与到环境创设中来，以幼儿为主体，而不是教师的包办代替为主体。幼儿是环境的主人，根据中班的年龄特点，以具体形象思维为主，图文并茂，减少文字的出现，并且中班幼儿喜欢问为什么，既然提出了问题，就要解决问题。经过与幼儿之间的讨论与商量，总结出一个环境创设的思路。我们开设的主题为"蔬菜乐园"，主题墙分为四个部分，分别是我吃过的蔬菜、我新认识的蔬菜、蔬菜生长在哪里，以及蔬菜的种类和蔬菜可以这样吃。结合幼儿的生活实际，真正做到了主题来源于生活。

1.我吃过的蔬菜

首先和小朋友们进行了讨论，"你们都知道哪些蔬菜呢？"张梦涵说："我吃过西红柿，它是酸酸甜甜的。"陈致尧说："我吃过茄子，红烧茄子，好好吃的。"汪佳俊说："我在菜地里见过白菜。"郭新艺说："我在超市里看见了土豆。"以上是幼儿吃过的一些蔬菜，也是班里幼儿都能说的几种蔬菜名字，我让幼儿将自己吃过的蔬菜记录了下来，用图片和照片的形式表现出来，增加幼儿与主题墙的参与性和互动性。

2.我新认识的蔬菜

幼儿的认知有一定的局限性，只认识一些常见的蔬菜，有许多蔬菜也是十分常见的，可是幼儿却说不出它们的名字，比如韭菜。于是针对这种情况，我们进行了家园共育,让家长带着自己的宝宝去菜地或者超市认识一些以前没见过的或没太关注的蔬菜,增长知识,孩子把自己新认识的蔬菜做了记录,用图片的形式表现出来,更加直观。第二天,我们让幼儿互相分享与交流,并把幼儿说出来的自己新认识的蔬菜打印出来,孩子们每天看着主题墙上自己新认识的蔬菜,不但很有成就感,而且也增长了知识。孩子们参与主题墙的创设,使得主题墙对于孩子们的作用更加明显,有一定的教育意义,而不单单是看着丰富。

3.蔬菜生长在哪里

张梦涵小朋友问我:"老师,蔬菜都长在蔬菜秧上面吗?我见过黄瓜就是长在上面的。"针对她的发问,我们反复思考,也意识到孩子们对蔬菜生长在哪里不太清楚,因为有的蔬菜生长在菜秧上面,有的蔬菜生长在土里,有的蔬菜生长在藤上。于是设计了"蔬菜生长在哪里"这个内容,这个板块采用了立体和平面相结合的做法,运用了多种材料,为了更加逼真,我们制作了蔬菜的藤,开始想要用真的小木棍,后来发现木棍大小不一,粗细不同,体现不出藤的效果,于是用废旧材料报纸做的蔬菜的藤,用皱纹纸做了绕在藤上的秧,再加上叶子,更像一个蔬菜的藤。孩子可以把了解到的不同生长环境的蔬菜对号入座,这样,孩子能更加清晰地明白关于蔬菜的更多知识。

4.蔬菜的种类

在美工区活动中,我发现小朋友们用超轻黏土做了各种各样的蔬菜,有南瓜、白菜、胡萝卜,还有蘑菇等。做完了的蔬菜都放在了篮子里,杂乱无章,没有秩序。于是我们结合科学领域,把蔬菜进行了分类,分为瓜类、菌类、

茄果类、叶菜类、根茎类。因为有的孩子十分挑食,于是和孩子们研究了蔬菜的吃法,可以做成馅、做成汤、炒着吃、凉拌吃。这样进行分类,幼儿就

会十分清晰，同时也明白了蔬菜的吃法。

（二）主题活动创设之活动区创设

《幼儿园教育指导纲要（试行）》中指出：科学活动中教师要使幼儿不仅有与材料、环境相互作用的机会，而且要让幼儿有相互交往、表达想法的机会，在"认知冲突"中，促使他们在原有的水平上不断得到提高。因此，科学活动也渗透着社会领域的关于交往和表达的内容，不作为一个个体存在，它们是相互融合的，相辅相成的。

在幼儿园种植园地，室内自然角和科学角等幼儿探索的空间应有明确的教育目标，其内容和材料应便于幼儿摆弄、探索、发现，并随着幼儿的发展水平、发展需要、教育目标以及季节、时令的变化而变化。教师应引导幼儿有效互动，获得关于自然、科学、量、形、数、时、空、社会等方面的粗浅经验。

班级中的自然角应摆放真实的自然物，幼儿在这里可进行观察、比较、测量、记录等活动，以及浇水、清扫等劳动，使这里成为幼儿认知自然的场所。

因此，我们班的科学区与自然角相结合，利用自然角进行科学小实验，主题确立为"大蒜的变化"。

1.科学区环境创设

（1）科学区目标

知道水培和土培两种不同的种大蒜的方式，都能长出蒜苗。

通过做追光实验大胆猜想，主动表达、交流种植大蒜及实验的过程和结果。

能运用多种感官，动手动脑和同伴讨论，努力解决实验中遇到的问题。

幼儿能与他人分享观察、探索的乐趣，获得成功的感受，建立自信心。

持续地观察，关注大蒜的生长，能主动感知生命、亲近自然，有好奇心和求知欲。

（2）区域环境支持

用充满生命力的绿植点缀其中，桌布的颜色与绿植相呼应，更具清新与自然。在蔬菜乐园大主题的环境下，科学区和种植区交相辉映，让孩子成为环境的主人，同时，打造自然又不失典雅的艺术环境。我们决定种植大蒜，科学区分为实验需要做什么、我的猜想、实验过程和实验结果。科学区做了两个小实验，有阳光下的大蒜和没有阳光下的大蒜生长有什么不一样，水培大蒜和土培大蒜的区别。科学区让孩子做实验的目的主要是培养孩子探究性思维，让孩子体验实验的乐趣。

（3）区域材料

通过和孩子们的讨论，科学区准备了以下实验材料：花盆、土、大蒜、铲子、水、双面胶、黑色的纸。

（4）指导重点：水培和土培两种不同种大蒜的方式都能长出蒜苗。

（5）实验：大蒜的变化

实验前的讨论："小朋友们，老师今天带来了一个神秘的东西，你们猜一猜是什么呢？"请一位小朋友猜一猜、闻一闻它的味道，摸一摸它的形状。有一大部分小朋友能猜出是大蒜。"小朋友们，今天老师想要种一盆大蒜，可我们种植大蒜需要什么呢，请小朋友们帮帮我。"这时，岳锦佳说："可能需要一个容器来装大蒜。"其他小朋友们也跟着说"需要容器、需要容器"。"那还需要什么呢？"张梦涵说："还需要土和阳光。"其他小朋友也跟着随声附和需要土和阳光，丝毫不加思索地脱口而出。因为中班的孩子好奇心强，也喜欢模仿别人，但缺乏共同讨论的意识。

教师指导策略：

首先进行引导，让孩子们有共同协商分工的意识。

分组进行讨论，有分工，有合作，以竞赛游戏的形式进行讨论。

达到的效果：孩子们经过引导以后，认为大家一起商量，会有很多的想法。于是幼儿分组进行讨论，而有的孩子不发言，在那里默默地发呆。针对这种情况，老师及时引导，让每组幼儿把想到的材料画在一张纸上，有一个小朋友负责画，其他的小朋友负责讨论，分工进行，比一比哪一组想的材料更多更全面。因为中班孩子有了初步的竞争意识，都想自己的组获胜。他们这一次讨论的十分激烈，积极性也非常高。一会儿就讨论完了，争先恐后地想要分享自己组的"杰作"。

讨论结果：种植大蒜需要容器（用酸奶盒代替）、沙土、水、蒜瓣、小铲子、阳光。

实验猜想：这个实验通过家园共育进行，让孩子们回家后请家长陪孩子们一起认识并种植大蒜。第二天孩子们把自己的大蒜带到幼儿园，却出现了不一样的种植方法，有的孩子带来的是水培大蒜，有的是土培大蒜。这时产生了新的问题，孩子们不理解水培大蒜和土培大蒜有什么区别，左看看，右看看，十分地好奇，一脸疑惑不解的样子。老师顺势引导："不如我们先猜想一下水培大蒜和土培大蒜有什么不同的吧？"

教师指导策略：

用奖励和树立榜样的办法建立幼儿的自信心、培养幼儿的主动表达能力。

先和同伴讨论，再把自己的想法呈现在画纸上。

实验过程：教师引导幼儿"到底我们谁猜的对谁猜错了呢，那我们怎么解决这个问题呢？如何验证呢？"小朋友说："我们可以观察一段时间看一看。"于是两周后，孩子们的蒜苗都长出来了。教师请幼儿们一起观察实验结果，体验自己种植蒜苗之后的成功感受。王梓瑜小朋友开心地说："我种植的大蒜是用水种的，它长出了蒜苗。"我引导道："你的猜想是什么呢？""我的猜想是在水里的大蒜会变成蓝色的，我的猜想错了。"李宇航小朋友也举起手，他说：我是在土里种植的大蒜，我经常给它浇水，现在它发芽了，对着自己的猜想的画说，我猜对了！我成功了！"惊喜之情溢于言表。"嗯，实践才能检验真理。"这时出现了新的问题，汪佳俊小朋友说："老师，我的蒜苗为什么没有杨凯硕的蒜苗长得高呢？"幼儿们纷纷帮助他想办法。

实验结果：水培和土培两种不同的种大蒜的方式都能长出蒜苗。

教师指导策略：

组织教育活动鼓励幼儿主动参与，以幼儿为主体，尊重幼儿。

请个别幼儿分享自己的大蒜实验结果，增加其自信心，体会成功的喜悦。

经过这件事，教师带孩子们讨论应该怎么保护小蒜苗。幼儿只是说出来勤给小蒜苗浇水。于是教师引导幼儿："请你们发挥想象力，爸爸妈妈和老师平时是怎么照顾我们的呢？"岳牧说："给它多晒晒太阳，别让它冻着。"范子扬说："让它多喝水，但是别喝太多。"郭新艺说："我们可以每天给它说一些祝福它的话"。"嗯。小朋友们的想法都很棒，希望你们照着这样做。"教师给幼儿放了一段关于保护动植物的视频，萌发他们爱护大自然的感情和对小动物的同情心。

教师总结：我们不仅要爱护我们的小树苗，更要爱护我们身边的动植物，因为他们是我们人类的好朋友，有了他们，我们的大千世界才会丰富多彩。

教师指导策略：

将爱护动植物的情感潜移默化地融入幼儿的一日生活。

当幼儿发生争吵时引导幼儿懂礼貌，从而共同解决问题。

教师的引导语接近幼儿的实际生活，运用类比的方法解决问题。

用观看视频的方法激发幼儿热爱大自然的情感。

接下来，准备让幼儿感受自己的劳动结果，等到蒜苗长大了让幼儿剪回去品尝，体验成功的喜悦和自己的劳动成果。

2.美工区（秋天印象）环境创设

（1）美工区目标

①能用多种绘画方式（如刮画纸、油画棒、水彩笔、超轻黏土、蔬菜印画）来表现蔬菜。

②喜欢用多种材料制作蔬菜，感受不同材料带来的美感特征。

③能用自己喜欢的方式对蔬菜进行大胆表现，表达自己的情感体验。

（2）区域环境支持

幼儿用各种形式和材料制作的蔬菜。有蔬菜印画、刮画、纸盘画、油水分离画等。

（3）区域材料

水彩笔、油画棒、画纸、刮画纸、超轻黏土、纸盘、棉签。

（4）指导重点

指导幼儿观察与制作各种蔬菜的外形和基本构成。

引导幼儿自我设置材料的规则和整理美术工具。

（三）主题活动创设之墙面创设

墙饰的作用非常重要，潜移默化地影响着幼儿。结合蔬菜的主题，我们创设了一系列健康墙的墙饰，来帮助幼儿认识蔬菜的营养。主题是"食品安全我知道"，其中包括健康、不健康、有毒和发霉的食物。

虽然里面渗透了蔬菜的内容，但是由于幼儿的兴趣浓厚，我们相继又开展了关于蔬菜健康的主题活动——我爱蔬菜，具体研究了多种多样的蔬菜和多吃蔬菜对我们身体有哪些好处。我们与孩子们进行了具体的探讨和研究，发现了多吃蔬菜可以使我们长得高、眼睛亮、身体好、不上火、通便、不感冒等诸多好处。孩子们增长了很多知识，也逐渐地爱上了吃蔬菜，渐渐地变得不挑食。

（四）区域创设之——健康棋

根据幼儿的兴趣，延伸了健康棋。孩子们都有玩飞行棋的经验，把吃过蔬菜和注意清洁牙齿结合在一起，将知识与游戏相融合，孩子们玩得不亦乐乎，体现了学中玩，玩中学的统一性，通过掷骰子来决定自己走几步，学会了什么食物是对牙齿好的，什么食物是对牙齿不好的以及保护牙齿的方法，真正做到了从幼儿的兴趣出发，与游戏相结合。

六、主题环境下的集体活动

活动一：美术活动——制作蔬菜小能手

活动目标：

1.愿意参与泥工活动，体验泥工活动的乐趣。

2.学习用团、搓、捏、拉、切割等方法，用超轻黏土来制作蔬菜。

3.在泥工活动中发展小肌肉以及精细动作。

活动重难点：学习用团、搓、捏、拉、切割等技能，用超轻黏土来制作蔬菜。

活动准备：各种颜色的超轻彩泥，实物茄子、胡萝卜、辣椒、南瓜、白菜。

活动过程：

1.用故事导入主题

（1）出示小兔子PPT，引发兴趣

小兔子是我们的好朋友，它一点也不挑食，什么蔬菜都爱吃。听说中一班的小朋友们都是制作蔬菜小能手，今天呀，小兔子来中一班做客，小朋友们想不想为小兔子做一些蔬菜让它带回家呢？

（2）教师引导幼儿说出自己常见的蔬菜

①小朋友们，你们都见过哪些蔬菜呢？

②你们最爱吃什么蔬菜呢？你能说说它长什么样子吗？小朋友们可不能挑食，什么蔬菜都要吃呦！

2. 观察蔬菜的结构

（1）出示几种蔬菜（茄子、胡萝卜、辣椒、南瓜、白菜）

瞧！老师这里有几种蔬菜呀？都有什么呢？哪位小朋友能说一说你喜欢的蔬菜是什么样子的呀？

（2）李老师喜欢白菜和胡萝卜，我们一起观察一下吧！

①这是什么？什么颜色呢？白色部分是什么形状呢？绿色部分呢？白菜叶子上有什么？白菜是不是由许多片叶子组成的呢？哪位小朋友来仔细摸一摸，有什么感觉呢？谁来闻一闻是什么味道的呢？

②这是什么？这是什么颜色什么形状的呢？下边的是什么呢？（萝卜须）萝卜须什么样呢？谁来摸一摸呢？我们怎么用超轻黏土做出萝卜须呢？

3. 出示蔬菜照片，幼儿分组操作，教师巡回指导

小朋友们，请你们仔细观察照片和实物蔬菜。现在用超轻黏土为小兔子制作你们想送给他的蔬菜吧！（教师巡回指导）

4. 分享蔬菜

请个别小朋友分享蔬菜的制作方法。

5. 结束部分

小兔子非常感谢小朋友的蔬菜，它用你们送给它的蔬菜做了好多菜，请小朋友们一起去吃呢。让我们一起去吧！

活动二：音乐活动——买青菜

活动目标：

1.学唱歌曲，知道两种不同的节拍。

2.掌握歌曲节奏，能尝试替换歌词，创编歌曲。

3.体验自己创作的成功感与自豪感。

活动准备：

经验准备：幼儿有到菜市买菜的生活经验。

物质准备：

1.各种蔬菜的小图片、教师"买"的各种蔬菜的大图片。（按照歌词中蔬菜名的顺序装订，如豌豆、萝卜、花菜，豆芽、香菇、波菜，蕃茄、玉米、白菜，甘蓝菜、油麦菜等，即蔬菜名是两个字的一组，蔬菜名三个字的一组。

2.音乐"Do Re Mi"《买青菜》。

活动重点：学习两种节奏：A：〇/〇；B：××××××/××××××。

活动难点：幼儿选出自己喜欢吃的青菜，尝试改编歌词。

活动过程：

1.图片引入

出示图片，提问：图片中的小朋友怎么了？脸色为什么这么难看呢？原来是因为他很少吃青菜。

2.谈话、讨论进入主题"买青菜"

提问：小朋友们去市场买过青菜吗？（引入买菜的经验）

（1）回忆自己买菜的经过。

（2）说说自己买过什么青菜和喜欢吃什么青菜。

（3）老师小结：每样青菜都有营养，我们一定要多吃青菜，养成不挑食的好习惯。

3. 教师出示图谱，介绍自己买过的青菜的名称

（1）可以先说两个字的，如黄瓜、菠菜等。

（2）再说三个字的，如四季豆、空心菜、西红柿等。

（3）教师出示自己买的青菜的大图片。（老师也去买青菜了，并按照歌词中蔬菜名的顺序装订的，便于幼儿学习歌曲）

①和着节奏谱示范念读：豌豆、萝卜、花菜，豆芽、香菇、波菜、番茄、玉米、白菜、甘蓝菜、油麦菜。（个别少见的青菜，可让幼儿多认识和观察）

②请小朋友看着节奏谱来读一读。

A：× × × × × × ○/× × × × × × ○/× × × × × × ○；豌豆萝卜花菜

B：× × × × × ×。甘蓝菜油麦菜。

③请小朋友们拍手打节奏读一读蔬菜的名称。

4. 学唱歌曲

（1）欣赏音乐"Do Re Mi"《买青菜》。（3—5遍）

（2）教师弹唱歌曲，幼儿跟唱。

（3）幼儿齐唱歌曲。

（4）男女生分着唱歌曲。

5. 游戏：买青菜

（1）幼儿边听乐曲边到老师事先创设好的菜场"买青菜"（将各种菜的图片放在柜台上，幼儿自己挑选喜欢的6种菜）。

（2）创编歌曲。幼儿把自己买的青菜，尝试用自己的动作、语言创编到歌曲中，并做出"脸色看起来怪怪"的有趣动作。

①老师示范。

②幼儿仿做、创编。

③跟着音乐找好朋友做游戏。

活动延伸：

1.在表演区投放乐器，并让幼儿为《买青菜》的音乐伴奏。

2.参与做菜的过程

带领孩子们去参观幼儿园食堂，请孩子们帮助阿姨择菜，让孩子们看看食堂的阿姨是怎样做菜的。通过参与做菜活动，让孩子们了解成人的劳动，从而珍惜他人的劳动成果。

3.当幼儿熟悉音乐《买青菜》后，创编歌曲《买水果》《买鲜肉》。

活动三：数学活动——我是小小拣货员

活动目标：

1.在生活情境中体验数学10以内点数的乐趣。

2.尝试按照一定顺序进行正确点数。

3.在操作中感知数与量的对应，并能按数取物。

活动重点：尝试按照一定顺序进行点数。

活动难点：运用已有的经验，将10以内的呈封闭状的物体正确排列，能按数取物。

活动准备：课件、蔬菜水果图片、拣货单、操作卡。

活动过程：

1.导入部分

观察购物单

秋天来了，小猴子的蔬菜水果超市开张了，生意十分火爆，外卖订单很多，现在需要招聘一个拣货员协助外卖配送员配送，谁愿意应聘呢？小猴子经理来考小朋友们了，谁能经得住考验，谁就应聘成功了。

2.幼儿根据点点数量取蔬果

（1）出示课件，幼儿进行观察

屏幕上有什么？（一排点点）有几个点点呢？（6个）你是怎么知道的？谁上前面来数一数，你是怎么数的？按照什么顺序数的？

（2）请一位小朋友上前面，找到相对应数量的物品，放在货架上。（幼儿进行拖拽）

（3）这次屏幕上有几个点点呢？（杂乱的点点）请小朋友们仔细数一数，将对应数字的蔬果拖拽到货架上。

3. 游戏：幼儿根据订单的数量找物品

（1）小朋友们，现在有一些订单，你们先看一看客人的需求，然后去前面的小猴子超市来取物品。

①幼儿先仔细看数量和物品，请个别幼儿上前取物品。

②请每位幼儿按照客人需求取物品。

（2）请个别幼儿进行分享。

4. 出示课件，呈封闭状排列的点点

（1）小朋友们，这座房子中住着南瓜爷爷，他在小猴子超市定购了这么多食物，那一共有几种呢？哪位小朋友过来数一数？你是怎么数的呢？第一个数的食物最后还数吗？

（2）出示 10 个封闭形状的点点。小朋友们，这些点点长的一模一样，你们又有什么办法数一数呢。请小朋友们思考一下。

（3）教师出示盒子。盒子里还有许多小工具（提供笔、双面胶、黏纸等辅助物品），你需要可以请它帮帮忙。数不过来，也可以请一个朋友来帮忙、合作。

5. 操作活动

（1）每位小朋友手中都有一张操作卡，也是计划表，请小朋友们按照上边点点的数量，把水果或者蔬菜按照数量画下来，这是我们的进货单，都完成之后，你就应聘成功了。

（2）请个别幼儿分享自己是用什么办法点数的。

活动结束：小朋友们都应聘成功了，小猴子老板说要请我们吃蛋糕呢，我们赶紧去吧!

活动四:语言活动——多种多样的蔬菜

活动目标:

1.通过各种感观,认识几种常见的蔬菜,并能用语言准确地表达出来。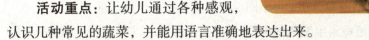

2.用简单的句式表达自己认识的蔬菜:"这是……,那是……"。

3.有仔细倾听教师和同伴讲话的习惯。

活动重点:让幼儿通过各种感观,认识几种常见的蔬菜,并能用语言准确地表达出来。

活动难点:幼儿能用简单的句式表达自己认识的蔬菜:"这是……,那是……"。

活动准备:

1.课件,常见的蔬菜图片。

2.蔬菜实物。

3.蔬菜小图卡若干张。

4.百宝箱1个。

活动过程:

1.开始部分

(1)小朋友,今天我们来一场蔬菜大赛吧,看谁认识的蔬菜种类多!

(2)教师出示蔬菜实物,让幼儿对蔬菜有初步的感观认识(鼓励幼儿看一看、摸一摸、闻一闻)。

2.基本部分

(1)教师出示屏幕上各种蔬菜,并引导幼儿说出"这是……,那是……"。

(2)教师出示图片,引导幼儿观察他们的特征并说出它们的名称,如红红的西红柿、长长的萝卜等。

(3)教师拿图片和幼儿做游戏。

①幼儿进行百宝箱搜索,幼儿摸到哪个蔬菜图片,就用"这是……,那是……"的句式说出。

②在黑板上贴上大图片，请幼儿从小图片中找到一样的粘贴到大图下边并说出蔬菜名称。

（4）请幼儿给蔬菜分组（将小图卡分类放到每一个篮子里）

教师：我们把蔬菜宝宝送回家吧。（边分组边说"这是……，那是……"）

（5）请男女生幼儿分别练习句式："这是……，那是……"。

3. 结束部分

请小朋友们和班级老师说一说自己的蔬菜小卡片。教师小结，并且和蔬菜宝宝再见。

活动延伸：在益智区加入为蔬菜排列顺序的玩教具，鼓励小朋友们探索不同的维度进行排序。

活动五：健康活动——多吃蔬菜身体棒棒

活动目标：

1. 了解常见蔬菜的丰富营养。

2. 养成爱吃蔬菜的好习惯。

3. 通过观看"我是美食家"的视频，
让幼儿爱上蔬菜。

活动准备：

经验准备：幼儿有常见蔬菜的认知。

物质准备：我是美食家视频、幼儿自
带多种蔬菜（菠菜、胡萝卜、大蒜、西红柿等）、小篮子。

活动过程：

1. 猜蔬菜谜语进行导入

胖胖小伞林中开,等着人们把它摘,这是什么蔬菜呢?(蘑菇)。小朋友们,今天你们也都带来了蔬菜,那你们知道这些蔬菜都是什么名称吗?他们都有什么秘密呢?

2.认识蔬菜名称,了解其丰富营养(分别出示)

师:这是菠菜,长得什么样子呀?(有绿色的叶子,红色的根),谁喜欢吃菠菜,你为什么喜欢吃菠菜?菠菜里含有维生素 A,它能使我们的皮肤变光滑,小朋友经常口腔溃疡,那是因为身体里缺少了维生素 A,所以请小朋友喜欢菠菜、多吃菠菜。

你们知道还有那些蔬菜里含有维生素 A 吗?青椒、南瓜、油菜里也含有维生素 A。还有一种蔬菜里面含有维生素 A,你知道是什么菜吗?请你们猜一猜它是橘红色的,动物中兔子和马非常愿意吃。对!是胡萝卜。

师:你们看,这是什么菜?西红柿里也有许多的营养,像维生素 C,它能使我们的牙齿骨骼变得坚固,还能防止牙龈出血。

3.视频"我是美食家"

师:小朋友平时都是谁做菜给你们吃呀?我们来看一看这个视频,厨师们能将普普通通的蔬菜做成色香味俱佳的菜肴,借视频中的烹饪过程对幼儿进行安全教育、随机教育。

活动结束:请食堂阿姨将幼儿自带的蔬菜做成美味佳肴,幼儿共同分享成果。

教师小结:蔬菜里面含有各种各样的维生素,是人体必需的营养素。如果偏食不吃蔬菜,就会发生嘴角干裂、大便干、鼻子出血、皮肤干燥,容易生病等现象。

活动六:科学活动——蔬果的沉浮

活动目标:

1.对科学活动感兴趣,有好奇心。

2.观察蔬果在水中的沉浮现象,初步获得有关物体沉浮的经验。

3.学习用简单的方法来记录蔬果在水中的沉浮状态。

活动准备:

各种蔬果实物(苹果、梨、葡萄、香蕉、龙眼、番茄、茄子、马铃薯、红萝卜、玉米、番薯、橘子、灯笼椒)等,装水的玻璃鱼缸、布口袋、蔬果图片若干张及上下箭头符号。

活动过程:

1. 以变魔术形式激发幼儿的兴趣,引出蔬果沉浮的小实验

老师:小朋友好,今天老师带来一个魔术袋。这个魔术袋里啊,装了好多好多东西,小朋友你们想知道装了什么吗?请幼儿上来摸实物,并说出蔬果名称。

2. 请幼儿猜想并探索

(1)教师提问:你们有没有想过要是我们把它们放进水里会怎么样呢?

(2)教师操作让幼儿仔细观看,同时指导幼儿如何做记录卡的方法。

(3)让幼儿自由讨论,进行集体记录操作。

3. 引导幼儿尝试

(1)小朋友,你们想不想自己动手来试一试啊?教师讲解操作方法与规则。

(2)幼儿操作。教师:小朋友在把蔬果放进水里时要看仔细了,看清楚蔬果到底是沉在缸底还是浮在水面的。认真观察水中的现象。

(3)一起验证:将幼儿做的记录做验证与分析,按幼儿的记录进行讲解,

并对幼儿错误的记录再次进行操作，加深幼儿对蔬果"沉、浮"有进一步了解，从而激发幼儿探讨的兴趣。

（4）教师小结：从刚才的实验中，我们知道了上浮的蔬果有：茄子、香蕉、玉米、灯笼椒、橘子、番茄、苹果、梨。下沉的蔬果有：番薯、葡萄、红萝卜、龙眼、马铃薯。

活动延伸： 你们觉得物体的上浮和下沉有趣吗？老师有个问题不明白，你们一定动动脑筋帮我想想，也可以请爸爸妈妈帮你们实验一下，就是：一只香蕉会浮起来，那么一串香蕉是浮起来还是沉下去呢？下次把答案告诉老师，好不好？

活动七：社会活动——我和蔬菜交朋友

活动目标：

1.幼儿有爱护大自然、爱护环境、珍惜粮食的意识。

2.观察已发霉、变质的蔬菜，明白这些蔬菜是哪里来的，在讨论中萌生初步的节约意识。

3.让幼儿明确粮食和蔬菜是农民伯伯辛辛苦苦种出来的，应珍惜农民的劳动果实。

活动准备：

1.事先收集一些小朋友扔掉的剩饭的照片、发放对错投票牌。

2.农民在地里耕种丰收的视频。

活动过程：

1.观察谈话：这是谁浪费的，幼儿判断对错

（1）让幼儿观察老师收集来的馒头、米饭、油条、蔬菜等已变质的食物的照片，告诉他们这些食物都是小朋友吃剩扔掉的，然后分组讨论：小朋友

挑食、剩饭剩菜的行为，对不对，为什么？

（2）幼儿投票决定谁的做法是正确的，谁的做法是错误的，说明原因。

教师小结，小朋友扔掉的食物都是用粮食和蔬菜加工成的，浪费了很可惜，要改正挑食剩饭剩菜的习惯。

2. 请小朋友们讨论：粮食和蔬菜是怎样来的

（1）请小朋友看视频，内容是：农民伯伯种庄稼，春天里播种、施肥、浇水，夏天里顶着烈日锄草，秋天里忙着收割。

（2）提问：你刚才看到了什么？然后把视频内容再向幼儿完整解说一遍。

（3）请农民伯伯来班内参加活动，给幼儿介绍：他们一年四季起早贪黑地辛勤劳动，从播种到锄草、施肥、收割，不知洒下了多少汗水。他们晒黑了脸，累弯了腰，两手磨出了厚厚的老茧。

（4）让幼儿提出自己想知道的问题，请农民伯伯回答。教师根据幼儿的提问做出小结，引导幼儿要懂得珍惜农民的劳动成果。

3. 区分不同蔬菜的食用部分

（1）每一种蔬菜都由哪几个部分组成？

（2）请小朋友从自己的箩筐中选出一种蔬菜，说说我们吃的是这种蔬菜的哪一部分？如青菜吃的是茎叶，西红柿吃的是果实。

（3）小结：各种蔬菜吃的部位不同，有的吃根，有的吃茎叶，有的吃果实。

4. 组织幼儿集体讨论

小朋友应怎样爱惜蔬菜和粮食？看到别人浪费粮食和蔬菜时，你应该怎样做？

活动结束：

教师小结：鼓励大家比一比，都来争当爱惜粮食和蔬菜的好孩子。

七、生活活动

活动主题： 蔬菜宝宝学礼仪

活动目标： 懂得基本的礼貌用语，知道礼貌地与周围的人说话。

活动内容： 通过《礼仪小儿歌》导入，幼儿扮演蔬菜宝宝表演儿歌中的内容，进一步加深目标。

八、户外活动

（一）集体游戏：小白兔采蘑菇

活动目标：

1. 体验乐于参加跳跃和爬行游戏活动的兴趣。

2. 发展幼儿的双脚向前持续跳的能力以及幼儿匍匐爬的能力。

3. 愿意大胆尝试，并与同伴分享自己的心得。

活动准备：

兔妈妈头饰 1 个，兔宝宝头饰幼儿人手 1 个。

选择一处室外草地，设置草地场景，草地上散落各种蘑菇图片。

香菇实物若干（干的和鲜的两种），各种干燥过的食品，如木耳、海带、金针菇等。

游戏玩法：

1. 教师和幼儿一起来玩采蘑菇的游戏。教师当兔妈妈，把画有蘑菇的卡片分散放在室外的草地上，请幼儿当小兔去采蘑菇。设置障碍，跳过圆圈，爬过垫子才可以找到蘑菇。

2. 在草地上捡起一张卡片就算采摘了一朵蘑菇。

3. 在采蘑菇的时候，幼儿一定要仔细分辨有毒的蘑菇和没有毒的蘑菇，有毒的蘑菇幼儿就不要摘。等小兔子摘完没有毒的蘑菇后，由兔妈妈统一把有毒的蘑菇摘走。

4. 幼儿在采摘蘑菇的过程中，教师请幼儿分散地找蘑菇采摘。

（二）分散游戏：沙包、飞盘

活动目标：

1. 幼儿能做单手挥臂投掷肩投动作。

2. 能在游戏中感受体育运动的乐趣。

活动准备：沙包、飞盘。

游戏玩法：

1.两个小朋友一起扔沙包、飞盘，一名小朋友扔，另一名小朋友接，互相合作。

2.玩扔沙包的游戏，是合作游戏。

九、主题活动的反思

（一）主题环境的反思

此次主题活动接近幼儿生活，幼儿十分感兴趣，但还有许许多多的关于蔬菜的知识没有研究透彻。人们每天的生活都离不开蔬菜，蔬菜中含有许多其他食物无法代替的营养成分，蔬菜的选择往往影响着小朋友身体的健康与成长。而幼儿对蔬菜的认识也仅仅停留在表面，对蔬菜的接触也只是一种自然的接触，没有更深入的了解。

在"蔬菜朋友"这一主题里我们力图从情感入手，调动幼儿内在的积极性和兴趣，让幼儿在看一看、闻一闻、做一做、尝一尝的亲自体验过程中，萌发喜欢品食蔬菜的情感，在家里和幼儿园逐渐培养幼儿爱吃蔬菜的良好的饮食习惯，让幼儿懂得蔬菜是帮助我们健康成长的好朋友。在活动中，有些孩子品尝了在家里从未吃过的蔬菜，如香菇、金针菇等，由此也引起了孩子们的一些有关蔬菜的问题。如蔬菜长在哪里；蔬菜怎样长大的；我们吃的是蔬菜的哪个部位；蔬菜为什么有不同的颜色；不同的蔬菜是怎么烧来吃的……在"大蒜哥哥、葱弟弟和韭菜妹妹"活动后，我们将大蒜、葱切下其下半段种在自然角，让幼儿观察它们的生长情况，启发幼儿探索并发现根是植物生长的重要部分。

（二）区域活动的反思

在主题活动中，我们为幼儿提供了各种材料，给幼儿自由探索的空间，我们给予幼儿适度的帮助，引导幼儿进一步探索有兴趣的问题。我们在满足幼儿兴趣需要的同时，采用灵活、多样的形式，让幼儿主动学习、积极探索。

（三）集体教育活动的反思

在集体教育活动中，各种各样、品种繁多的新鲜蔬菜摆在孩子们面前，深深吸引着孩子们，同时我们清楚地意识到，家长的人力资源也是实现课程整合不可缺少的一部分。我们指导家长经常带孩子去菜场买菜，帮助认识和了解蔬菜，在家中多让孩子帮忙摘菜、洗菜，做一些简单的凉拌菜，激发孩子对蔬菜的兴趣，养成喜欢吃蔬菜的良好饮食习惯。让家长在与孩子共同进餐时告诉幼儿蔬菜的名称和对人体生长的益处，请家长与幼儿共同收集蔬菜图片、蔬菜实物进行教学活动，得到家长大力支持和配合，不仅促进了孩子对蔬菜的更多了解，同时，也发展了孩子的表达能力、观察能力，以及社会性交往能力等，实现了多种智能整合，实现了个别学习、集体学习等学习方式的整合，实现了园内外的整合。我们不难看到，如今的整合更注重幼儿身边的一切资源的利用，内容贴近孩子的生活方式，也更为多样化了。

（四）户外活动的反思

以兔妈妈带宝宝们到山上采蘑菇的游戏作为导入活动，一开始就吸引了孩子们的注意及兴趣，在这一过程中激发了孩子们参与活动的热情，一下子拉近了孩子与老师的距离，把幼儿带入了宽松和谐的气氛中，幼儿很快进入角色。这一环节的展开，幼儿和老师都起到了热身的效果。第二环节，多数孩子能按讨论要求说出自己喜欢吃的蘑菇。第三环节，采蘑菇是幼儿学习知识的实际运用，也是教学的关键，幼儿积极性强，活动兴趣高。

改进之处：1. "认识蘑菇"这一教学环节，可以让班上语言表达能力强、认识部分常见蘑菇的幼儿先讲讲，然后教师再讲。2.讨论环节，分组的时候，幼儿表达能力强的和较差的要进行搭配。3.采蘑菇环节，由于幼儿积极性强、兴趣浓，分组游戏秩序需要进一步规范。

在这个主题活动里，教师体现的更多的是作为幼儿的支持者、引导者，放手大胆地让幼儿表现，而他们的创意让教师深感欣慰，孩子拥有的才能真的是无限的。

当然，中班幼儿的探索型主题活动的开展，在考虑幼儿的表现放在首位的同时，也需要教师适当的引导与帮助。因为中班幼儿发展特点、幼儿的探索能力有待提高，因此，在主题开展中，需要教师更多的支持，在教师引导的前提下，充分地调动幼儿的主动性和积极性。同时，教师要更好地发挥每位家长的作用，让每位幼儿的探索活动都在家园共同配合下进行，更有利于幼儿的发展。

漂亮的蝴蝶

班级：中三班　　撰稿教师：袁芳 任晓月

一、主题来源

在日常的生活中，当孩子们看到蝴蝶的时候总是会出现好奇、兴奋等情绪的反应。孩子们对蝴蝶都很感兴趣，然而，绝大多数幼儿并不知道，蝴蝶是由毛毛虫变成的。于是，我们根据活动主题设计了一系列的活动，选择这个主题是以幼儿的兴趣为出发点，让幼儿在认识蝴蝶的同时，通过在各个活动的过程中，学习观察和探索大自然，感知蝴蝶的秘密，并乐于参与集体游戏并尝试介绍自己的作品，同时，培养幼儿的观察能力、想象力及语言表达能力。

二、幼儿情况分析

中班幼儿有着与生俱来的好奇心和探究欲望，活动的自主性和主动性有了进一步的发展，他们能够提出自己的活动想法，有主动参与活动的热情与能力，能努力完成自己选择的活动。幼儿与同伴交往需求和能力的发展，需要良好的社会性发展氛围。中班幼儿是整个幼儿期思维特点表现最为典型的时期，即思维的具体形象性最为突出。幼儿操作与探索的学习方式，需要提供丰富的探索环境。幼儿的学习活动往往与游戏和日常生活密不可分，游戏和生活中不断出现的真实问题情景使幼儿不断调动和运用自己已有的经验，并在不断面临挑战和解决问题的过程中使幼儿获得新的经验。

三、主题结构图、环境图及说明

《幼儿园教育指导纲要》中指出："语言学习具有个别化的持点，教师应重视与幼儿的个别化交流和幼儿之间的自由交谈。"因此本次主题的重点是通过各种活动，了解蝴蝶的形态、生长过程和生活习性，喜欢对周围的环境进行观察和探索。本次活动的难点是让幼儿体会与同伴之间团结友爱的情感，并充分体会交流的乐趣。

主题结构图：

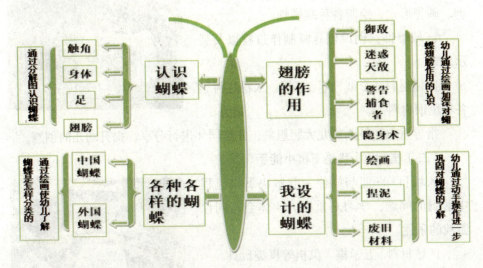

主题环境创设图：

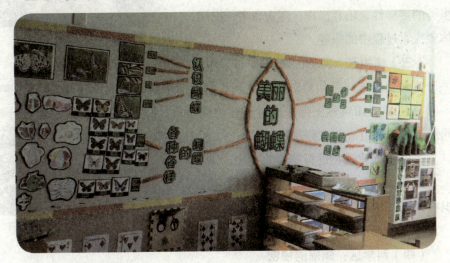

四、区域环境创设

总目标：

1.认识蝴蝶的生长过程。

2.让幼儿体会与同伴之间团结友爱的情感并充分体会交流的乐趣。

3.通过各种活动，了解蝴蝶的形态、生长过程和生活习性。

区域活动：

（一）美工区：美丽的蝴蝶

区域目标：愿意利用各种材料进行粘、贴、剪、画等形式，绘制各种蝴蝶画。

区域墙饰：创设创意画制作过程以及展示墙饰。

区域材料：彩纸、笔、彩泥、水粉颜料、各种废旧材料。

指导重点：鼓励幼儿大胆想象，并与同伴进行分享，提升幼儿的创意。

（二）棋牌区：我是下棋小能手

区域目标：能与同伴一起解决下棋过程中遇到的问题，学习尊重别人，体会与同伴游戏的乐趣。

区域材料：五子棋、象棋等棋类玩具。

指导重点：引导幼儿运用多种感官认识棋类的多样性，乐意操作，喜欢思考，提问，体验探索过程中的乐趣。

（三）建构区：对称的建筑物

区域目标：

1.初步感知对称图形，通过搭建感知不同形状的积木组成的对称建筑物。

2.能根据建筑物进行简单的装饰。

区域材料：大小积木、辅助材料、装饰积木等。

指导重点：引导幼儿有目的地选择积木进行搭建。

（四）科学区：蝴蝶的秘密

区域目标：

1.掌握毛毛虫变蝴蝶的过程和有关知识。

2.发展幼儿的想象力，毛毛虫是怎么变成蝴蝶的。

区域材料：图书《好饿的毛毛虫》、蝴蝶标本。

指导重点：引导幼儿体验生命的奇妙和大自然的伟大。

（五）图书区

区域目标：

1.了解蝴蝶的体态特征和生活习性。

2.发展幼儿的想象力，毛毛虫是怎样变成蝴蝶的。

3.幼儿喜欢观看图书，能够与同伴交流表达自己的想法。

区域材料：图书《好饿的毛毛虫》、指偶。

指导重点：引导幼儿大胆地进行表达和交流。

（六）益智区

区域目标：

1.幼儿能够认读 10 以内阿拉伯数字，并初步理解 10 以内数的意义。

2.了解 10 以内数中相邻数之间的关系。

区域材料：自制玩具。

指导重点：利用各种机会，为幼儿了解 10 以内数中相邻数之间的关系创造更多机会。

五、集体教育活动

活动一：语言活动——谁飞来了

活动目标：

1.认识蝴蝶的体态特征和生活习性。

2.培养幼儿观察和探索大自然的能力。

3.锻炼幼儿的交流表达能力。

活动重点： 认识蝴蝶的体态特征和生活习性。

活动难点： 锻炼幼儿的交流表达能力。

活动准备：

物质准备：蝴蝶标本与 PPT《花开了》。

经验准备：幼儿有在大自然中观察蝴蝶的经验。

活动过程：

1.导入环节，激发幼儿兴趣

出示 PPT，让幼儿观察图片里都有谁。

2.讲述故事：《它是谁？》

3.师生共同探讨：

小青蛙干什么去了？它新认识的朋友叫什么名字？蝴蝶有几只翅膀、几条腿？它最喜欢吃什么？

4.出示：蝴蝶标本，让幼儿欣赏不同种类的蝴蝶。

5.讨论：请幼儿讲述自己还见过什么样的蝴蝶，在什么地方见过的？

6.总结分享：教育幼儿在生活中要注意多观察，多思考，就会知道许多有趣的事情。

7.延伸：请幼儿相互交流还见过什么样的蝴蝶。

活动二：美术活动——我给蝴蝶穿花衣

活动目标：

1.培养幼儿的审美能力。

2.提高幼儿想象和创作的能力。

3.享受成功的乐趣。

活动重点：培养幼儿的审美能力。

活动难点：幼儿能够大胆地表达自己的想法。

活动准备：

物质准备：蝴蝶形状的纸若干、蝴蝶范画、彩笔。

经验准备：过度环节播放蝴蝶的图片，使幼儿进行欣赏。

活动过程：

1.出示蝴蝶，让幼儿欣赏。

2.请小朋友说一说，你觉得蝴蝶哪些部位最漂亮？为什么漂亮？

3.幼儿回答后，教师小结。

4.出示白色的蝴蝶纸张，鼓励幼儿大胆设计，为蝴蝶穿上漂亮的衣服。

5."比美大赛"每个幼儿将自己的作品，向大家展示一遍，并讲述自己是怎样设计的，都用到了哪些图案。

6.将幼儿的美术作品组合成《蝴蝶比美大赛》的壁画。

7.总结分享：幼儿享受成功的喜悦。

活动三：科学活动——毛毛虫变蝴蝶

活动目标：

1.掌握毛毛虫变成蝴蝶的有关知识。

2.发展幼儿的想象力，毛毛虫是怎么变成蝴蝶的。

3.幼儿体验生命的奇妙和大自然的伟大。

活动重点：发展幼儿的想象力，毛毛虫是怎样变成蝴蝶的。

活动难点：掌握毛毛虫变蝴蝶的过程。

活动准备：

物质准备：蝴蝶破茧成碟。

经验准备：幼儿知道蝴蝶是由毛毛虫变成的。

活动过程：

1.导入活动

（1）教师念谜语，幼儿猜

有个虫子真奇怪，变起样来真是快；

开始吃菜是害虫，后来会飞真好看。

（2）提问

师：请小朋友们猜一猜这是什么昆虫？

什么昆虫喜欢飞在花丛中？

2.展开活动

（1）认识蝴蝶的外形特征

师：小朋友们知道蝴蝶长什么样子吗？它都有哪些部位？

（2）出示图片，巩固幼儿的认知并总结蝴蝶的外形特征。

（3）学习儿歌《蝴蝶》

小蝴蝶，穿花衣，头上还有一对角；

两对翅膀飞呀飞，飞在花丛真好看。

（教师引导幼儿边做动作边念儿歌）

（4）师生共同探讨：蝴蝶是从哪里来的

出示毛毛虫

师：小朋友们知道毛毛虫和蝴蝶有什么关系吗？

出示结茧图

师：呀，毛毛虫发生了什么事情了？

出示破茧图

师：茧又发生了什么？

出示成蝶图

师：毛毛虫发生什么事了，最后变成谁了？

（5）总结毛毛虫变蝴蝶的过程，加深幼儿印象

3.结束活动

故事：好饿的毛毛虫

活动四：体育活动——飞舞的蝴蝶

活动目标：

1.引导幼儿模仿虫的爬行及蝴蝶的飞舞动作，练习四散跑的技能。

2.发展身体的协调性，培养幼儿团结友爱的意识。

活动重点：引导幼儿模仿虫的爬行及蝴蝶的飞舞动作，练习四散跑的技能。

活动难点：发展身体的协调性，培养幼儿团结友爱的意识。

活动准备：

物质准备：头饰、大树模型小花园等。

经验准备：幼儿了解虫子是怎样爬的。

活动过程：

1.毛毛虫出动

师：虫宝宝们，今天天气真好，虫妈妈想带你们到外面玩一玩，你们想去吗？

引导幼儿在地上自由地爬行，学习像小虫一样地爬。

2.毛毛虫变蝴蝶

师：宝宝们都好棒，你们都成功了。

春天来了，毛毛虫慢慢长大了，就要变成蝴蝶了，我变成蝴蝶了，小朋友呢？

3.练习听信号四散跑

师：我们都变成美丽的蝴蝶了，现在跟着妈妈飞起来，我发现附近有个漂亮的花园，我们一起去看一看吧，但是我听说那边经常有老猫出现，老猫最喜欢扑蝴蝶了，所以我们要小心了，现在我要和你们做一个游戏，看看你们的本领大不大，能不能躲过老猫。

出示哨子等

师：当妈妈吹一声长哨子的时候，你们跑开去，吹三声短哨子后，你们回到妈妈身边来。

反复练习。

4.蝶花嬉戏

（1）现在我们来到了"小花园"，在花园里，你们可以去闻闻花的味道，看有哪几种颜色的花，但是不能用手去摘花，重要的一点是不能乱跑，跑丢了找不到妈妈就会被老猫抓走，妈妈也要伤心的。

（2）休息交流

师：谁来说说看，你在花园里看到什么了？你是和谁一起玩的？

5. 老猫扑蝴蝶

（1）师：听听看什么声音？老猫来了，赶快跑到三角形的花坛里躲一躲。

师：老猫走了，我们有些宝宝被关起来了，他们为什么会被抓起来，因为没听清妈妈的话，跑错地方被抓起来了，所以小蝴蝶们要听清楚妈妈说的要求，老猫已经知道我们会躲在三角形的花坛里了，所以这次我们要躲到圆形的花坛里——老猫再次出现。

（2）蝴蝶营救同伴

师：我们商量一下怎么救我们的同伴。

师生共同讨论，引导幼儿要趁老猫睡着的时候轻轻地走过去救。

6. 回家

师：我们今天玩得真开心，天要黑了，跟妈妈回家吧。

活动五：社会活动——三只蝴蝶

活动目标：

1. 了解故事内容，能够讲述故事中反复出现的对话和短句。

2. 认识颜色与相对应事物之间的关系。

3. 体会好朋友之间相互关心的美好情感，并充分感受故事中所表达的游戏趣味性。

活动重点：体会好朋友之间相互关心的美好情感。

活动难点：了解故事内容，学习讲述故事中反复出现的对话和短句。

活动准备：

物质准备：PPT、颜色不一的花朵、与花朵颜色相对应的蝴蝶若干。

经验准备：幼儿具备寻找相对应物体的经验。

活动过程：

1. 播放 PPT，理解故事内容

（1）教师边讲述故事边提问

师：图片里发生了什么事情？

师：雨越下越大了。它们又来到了哪里？看到黄花姐姐，哪只蝴蝶会飞过去求救呢？会怎么对黄花姐姐说呢？

（2）黄花说："黄蝴蝶的颜色像我，请进来；红蝴蝶、白蝴蝶，别进来！"

师：怎么办？三只蝴蝶会分开吗？它们又会怎么对黄花姐姐说？

（3）雨下得更大了，它们还没有找到避雨的地方。它们看到了白花姐姐，谁会去请白花姐姐帮忙呢？又会怎么说？

师：白花姐姐会答应吗？又会怎么说呢？

（4）白花说："白蝴蝶的颜色像我，请进来；红蝴蝶、黄蝴蝶，别进来！"

师：如果你们是三只蝴蝶，你们会分开吗？你们又会怎么对白花姐姐说呢？

（5）最后它们是怎么做的？

2. 完整讲述故事内容，进一步帮助幼儿理解故事情感

（1）听完整故事，回答问题

师：你最喜欢故事哪一幕？为什么？

三只蝴蝶说的哪句话让你特别感动？

（2）师生共同体验让人感动的语句

教师小结：故事中大雨把它们的翅膀打湿了，大雨把它们淋得发冷了，可是它们还是齐声说："我们三个好朋友，相亲相爱不分手，要来一块来，要走一块儿走。"好朋友之间也要像这三只蝴蝶一样相互关心，团结友爱。

3. 智力游戏找颜色

（1）故事里花朵们都愿意让与自己颜色相同的蝴蝶进来躲雨，如红花愿意让红蝴蝶来躲雨，黄花愿意让黄蝴蝶躲雨，白花愿意让白蝴蝶躲雨。

现在老师想请小朋友们一起来玩一个躲雨小游戏，每位小朋友身上都贴有不同颜色的小标志，贴什么颜色的标志就代表什么颜色的蝴蝶，请小蝴蝶们，

躲到相对应的花朵下面去。

要注意哦，小蝴蝶要躲到和自己扮演的蝴蝶颜色相同的花朵下面，若是自己扮演的蝴蝶颜色和要避雨的花朵颜色不同，花朵是不会让你进去躲雨的。

（2）教师请部分幼儿参加游戏，教师说"赶快躲起来"后，幼儿便纷纷躲入事先摆好的不同颜色的花朵下面避雨。

（3）幼儿躲好后请幼儿一一来说说自己是什么颜色的蝴蝶，躲在什么颜色的花朵里。让幼儿进一步认识颜色与相对应事物之间的关系，并充分感受故事情节与游戏所带来的趣味性。

活动六：数学活动——好饿的毛毛虫

活动目标：

1.通过《好饿的毛毛虫》，使幼儿能够按一定的规律进行重复排列。

2.培养幼儿初步的观察与比较能力，提高幼儿的判断推理能力。

3.在探索寻找活动中，幼儿能够选择不同的方法尝试有规律排列。

活动重点： 能根据一定的规律进行排列。

活动难点： 能够选择不同的方法尝试有规律排列。

活动准备：

物质准备：各种玩具，苹果、菠萝、西瓜。

经验准备：幼儿具备按照简单规律排列的经验。

活动过程：

1.故事导入

出示毛毛虫的图片，引出好饿的毛毛虫好饿，需要寻找食物，激发幼儿兴趣。

师：小朋友们看这是谁？（毛毛虫）

师：你们还记得好饿的毛毛虫的故事吗？它发生了什么事情？

师：这次毛毛虫又饿了，它四处寻找着食物。

2. 发现规律

（1）出示苹果，请小朋友为好饿的毛毛虫把路补充完整。

师：看，好饿的毛毛虫发现了什么？（苹果）

师：不过啊，好饿的毛毛虫和苹果之间的小路没有铺完，好饿的毛毛虫只有先把小路补充完整，才能吃到苹果，我们来看一看这条小路是什么样子的。

请幼儿观察物体的排列顺序，让幼儿感知物体排列的规律。

（2）出示菠萝，请小朋友继续为好饿的毛毛虫把路补充完整

师：好饿的毛毛虫没有吃饱，它继续寻找可以吃的东西。

师：看，好饿的毛毛虫又发现了什么？

师：我们来看一看，这次的小路长的是什么样子？

请幼儿观察图片上物体的排列，让幼儿感知物体排列的规律。

（3）出示西瓜，请小朋友继续为好饿的毛毛虫把路补充完整

师：不过，好饿的毛毛虫依然没有吃饱，它又继续寻找着可以吃的东西。

师：看，好饿的毛毛虫这次发现了什么？

师：我们来看一看，要吃到西瓜又要走什么样子的路呢？

请幼儿观察图片上物体的排列，让幼儿感知物体排列的规律。

3. 小组合作，进行操作

师：这是老师给毛毛虫铺的路，下面老师想请小朋友为毛毛虫铺铺路。

师：老师给小朋友们准备了各种各样的玩具，请小朋友们按着一定的规律为毛毛虫铺路。

师：每个小朋友的身上都贴上了水果，贴同样水果的小朋友就是一个小组，每一组小朋友一起商量，你们想要铺什么样子的路，选择你需要的材料。

幼儿自由操作活动，教师巡回指导。鼓励幼儿大胆地尝试进行有规律的排列。

4. 分享环节

请个别幼儿分享自己组的作品，并说说自己是按照什么顺序排列的。

5. 结束

六、家园结合活动，亲子活动

家长和孩子们一起深入到大自然中，对蝴蝶进行观察，感知蝴蝶的花纹与身体结构。家长与幼儿共同查找资料，了解蝴蝶的种类、生活习性，并认识到蝴蝶的翅膀并不仅仅可以帮助它飞行，还有可以抵御敌人、迷惑天敌，起到隐身的效果。

七、户外活动创设：混龄游戏设计

体育游戏：玩转纸盒

活动一：你追我赶

活动目标：

1.培养幼儿的运动兴趣、习惯和能力。

2.让幼儿体验到合作与交往的快乐。

3.满足幼儿与不同年龄同伴交往的需要，扩大幼儿的接触面，并促进幼儿社会性发展。

活动材料：不同大小的鞋盒、沙包。

活动玩法：

1.小班小朋友将鞋盒套在腰上，鞋盒拖地，在指定区域内往返跑。中班小朋友手拿沙包，边追边将沙包投入到鞋盒里。

2.小班小朋友将鞋盒拴在腰间，在指定区域内往返跑。中班小朋友手拿沙包，边追边将沙包投入到鞋盒里。

3.小班小朋友自主选择鞋盒套在腰间，在指定区域内往返跑。中班小朋友手拿沙包，两只脚分别穿上由鞋盒制作的简易"高跷"，边追边将沙包投入小班小朋友的鞋盒中。

活动规则：

小朋友们在奔跑过程中，要注意避让同伴，并逃离后面小朋友的追投。同时小朋友在追投的过程中，沙包如果没投进鞋盒，需要捡起沙包，继续追投。

活动二：砸鞋盒

活动材料：不同大小的鞋盒、沙包、圈。

活动玩法：

1. 小朋友们自主分成2人一队，4人一组游戏。每组将不同大小的鞋盒围合成半圆形。游戏时，一队小朋友站在规定地点用10个沙包砸对方的鞋盒，砸倒鞋盒数量多的队获胜。另一队小朋友负责帮助递沙包以及数被砸倒鞋盒的数量。

2. 每队将不同大小的鞋盒垒高，一队小朋友站在规定区域用沙包砸对方"城堡"，另一队小朋友在自己搭好的鞋盒城堡前来回移动，保护鞋盒不被对方沙包砸倒。先完全砸倒对方城堡者获胜。

活动规则：

小朋友们在砸鞋盒过程中，沙包要注意对准鞋盒，不能砸到其他小朋友。

八、社会领域园本课程创设反思

（一）主题的开展

本活动从生活中引发幼儿对蝴蝶的认识，通过集体教育活动的形式，让幼儿观察到蝴蝶的特征，了解蝴蝶的变化过程等，激发幼儿对活动的兴趣，并通过在生活环节、区域活动中激发孩子们对蝴蝶的探索，让幼儿多角度地了解与感受蝴蝶。

本活动是由幼儿的兴趣生成来的，所以每个幼儿在活动中都是自主的、大胆的和富有创造力的，在表征作品时极富想像力，这种探究活动增强了幼儿的兴趣，建立了幼儿的自信心。此外，本次活动还让我们体会到家长的支持是顺利开展主题活动的保障，正是我们充分利用了家长这一重要资源，才得以使活动顺利开展，并取得了比较满意的效果。

（二）教师的支持

教师在教育教学的过程中应尽可能地实施支持性策略，时时关注幼儿，适时地支持、鼓励幼儿。在幼儿发生认知冲突时，教师应积极鼓励他们去想、去说、去做，不压制。当每个幼儿说出自己的想法时，教师赞赏的目光、亲切点头、微笑，都是幼儿不断向前的动力。教师应该为幼儿创造良好的学习、生活、成长环境。无论物质方面，还是心理方面，教师都应该全力地支持幼儿，做幼儿永远的、坚实的后盾。

（三）社会领域与其他领域的关系

社会领域与其他课程领域是紧密相关、相互渗透的。

一方面，社会领域教育不是封闭的，它总是要借助一些内容、手段和方式，而这些内容、手段和方式往往与其他领域有着联系。

另一方面，健康、语言、科学和艺术领域的教育也必然渗透社会领域教育的目标和内容。

漂亮的唐装

班级：中三　　撰稿人：顾艺 任秀萌

一、主题来源

在日常的生活中，孩子们很少能见到老北京有特色的传统服装，所以他们一看到唐装的样子就很新奇。孩子们对唐装都很感兴趣。然而，绝大多数幼儿并不了解唐装的样子和特点。于是，我们根据活动主题设计了一系列的活动。

二、主题目标

（一）以幼儿的兴趣探索为出发点，让幼儿在认识唐装的同时，通过在各个活动的过程中，学习观察和探索唐装的独特的美，感知唐装的秘密，乐于参与集体游戏，并尝试介绍自己设计的作品。

（二）鼓励幼儿大胆表达自己的见解，引导幼儿初步学会评价自己与同伴。

（三）培养幼儿的观察能力、想象力及语言表达能力。

（四）引导幼儿初步感受中华民族优秀的唐装文化，激发幼儿初步的热爱民族文化的情感。

三、中班幼儿学情分析

（一）喜欢与人交往，特别是开始喜欢与同伴交往，对父母及家庭外主要接触者都能形成亲近的情感。

（二）他们的自我意识开始出现，能区分"你""我""他"，但不会区分自己和他人的需求。他们的情感、行为的冲动性强，自制力差，往往不能与人友好、合作，常发生纠纷，需依靠成人的指导来协调交往。

（三）他们对周围世界充满浓厚的兴趣，对新鲜事物具有强烈的好奇心，喜欢向成人提出各种各样的问题，虽然这些问题十分肤浅、幼稚，但对他们求知欲的发展有极大的启迪作用。此时，儿童开始能以认真的态度对待成人所教之事，并有动手尝试的愿望。如拿到新玩具时，虽然喜欢操作摆弄，但也能认真听成人讲解，并试着改变玩法。看到新奇的事物会主动接近，专注地看看、动动，探索其中的奥秘。

（四）中班幼儿对服装结构已有过认识；班里有若干可供幼儿利用探索的材料。

四、主题结构图 环境图及说明

（一）主题结构图

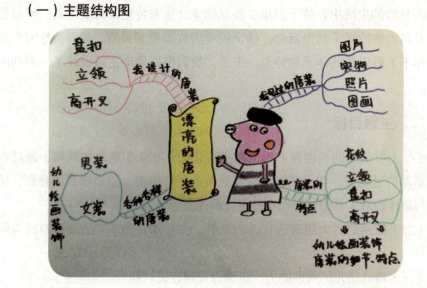

（二）环境图

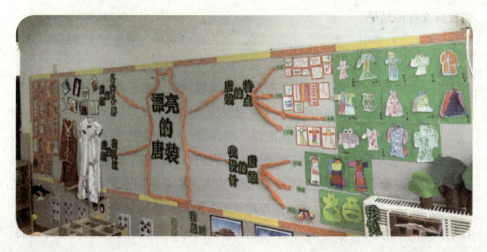

五、区域环境创设

（一）美工区（重点区）

1.环境创设及目标：我们美工区叫创意坊，以"旗袍"为主题开展活动，背景墙有一个女士穿着旗袍的样子，让幼儿"有样可依"。旁边区域张贴手剪旗袍制作过程，底下展示幼儿的手剪作品。在美工区，提供多种美工材料和废旧材料以外，也提供一些中国传统元素材料，如中国结、青花瓷等图样。

2.幼儿培养目标：感知旗袍、唐装等中国传统服饰的特点；可以利用多种材料自己动手装饰、设计服饰的样子及局部特色元素，如扇子、元宝等。

3.教师指导目标

（1）引导幼儿了解中国传统服饰的特点与美感。

（2）鼓励幼儿开展丰富的想象，为旗袍、唐装等传统服饰搭配颜色，设计图案及传统元素。

（3）鼓励幼儿用多种材料，制作传统服装。

（二）建构区（重点区）

1.环境创设及目标：建构区本次主题与"老北京传统建筑"有关，提供常见的搭建材料以外，还增加了很多自制辅材。区域墙上展示了多种北京的建筑图片，如：天安门、天坛等，为了让幼儿学习感知老北京传统建

筑"对称"这一建构特点。

2.幼儿培养目标

（1）了解老北京传统建筑"对称"的特点。

（2）利用搭建材料尝试模仿搭建或自己设计搭建对称建筑。

3.教师指导目标

（1）指导幼儿深入感知、了解"对称"。

（2）多为幼儿提供学习对称的机会，在幼儿搭建时，及时提供帮助和指导。

（三）益智区

1.区域目标

（1）能不受物体大小、形状、排列形式的影响，运用多种方法正确点数10以内的物体。

（2）学习按数取物。（10以内）

（3）能使用上下、前后、里外等方位词描述物体的位置和运动方向。

（4）学习按规律排序，能用语言表述操作的结果。

2.区域材料：益智玩具、自制玩具、点数类、拼图类、设计类益智玩具等。

3.开展过程：益智区，除了本学期益智玩具、自制玩具以外，我们特意更换了点数类、拼图类、设计类益智玩具，如设计类玩具"五彩缤纷"，可让幼儿自己摆动设计花纹图案，这种设计思路和成果都可用于唐装设计，为幼儿设计传统服饰打下基础。

（四）图书区

1.区域目标

（1）知道爱护图书的方法，看完后放回原处，摆放整齐。

（2）尝试用自己的方式设计、制作简单的符号、标志。

（3）学习用较完整的语言，讲述一件快乐的事，乐意与朋友分享快乐。

（4）能用完整的语言复述故事内容。

2.区域材料：中国传统服饰文化的图书、自制图书等。

3.开展过程：我们增加了关于中国传统服饰文化的图书，如《中国传统服饰儿童服装》；鼓励幼儿自制"唐装图册""多姿多彩的漂亮旗袍"等服饰类图册，让幼儿对中国传统服饰有更多了解，并产生喜爱之情。

（五）表演区

1.区域目标：

（1）欣赏世界名曲，感知乐曲特点，并乐意用动作表现。

（2）学唱关爱妈妈的歌曲，表达对妈妈的爱。

（3）初步感知四四拍乐曲的节拍特点，并用身体语言表现。

2.区域材料：中式服装若干、歌舞道具等。

3.开展过程：表演区增加了旗袍、马褂等表演服饰及道具，组织了服饰之美走秀活动，爱心小舞台也增加了歌舞剧表演。

（六）棋牌区

1.区域目标：

（1）学习下象棋。

（2）能遵守棋类游戏的比赛规则。

2.区域材料：棋类材料等。

3.开展过程：为了弘扬中国传统棋类"象棋"，棋牌区增加了象棋的游戏规则介绍，让一位会下象棋的小朋友来当负责人，教其他幼儿下象棋、开展象棋比赛等活动。

（七）科学区

1.区域目标：愿意开动脑筋，积极探索科学现象。

2.区域材料：杯子、布、科学类玩具若干。

3.开展过程：开展特色活动"有趣的布料"，科学区内提供杯子和水，以及各种各样的布料，如：纱布、棉布等，探究每种布料的吸水性。

六、生活活动创设

（一）在园开展"脱叠衣服比赛"：虽然是中班幼儿，但是幼儿脱叠衣服的能力还不是很强，有的能力强的幼儿没有观念意识，脱叠衣服速度很慢，有的能力弱的幼儿不知如何请求老师和同伴的帮助，需要教师引导和同伴的帮助。

（二）在家开展"我会洗衣服"活动：中班幼儿已经有初步为家人服务和关心家人的意识，在家应帮家长做力所能及的家务活儿，通过在家自己洗衣服，来增强自信心，提升初步的承担家庭责任的意识。

七、集体教育活动

活动一：社会领域活动——了解服装

活动目标：

1.了解和感受服装随着季节的更替在不断变化，知道一年四季分别穿什么衣服。

2.根据自己的兴趣、爱好，大胆地设计与众不同的服装，愿意与同伴进行时装秀表演，体验表演的乐趣。

活动重点：知道一年四季分别穿什么衣服。

活动难点：根据自己的兴趣、爱好，大胆地设计与众不同的服装。

活动准备：

物质准备：时装表演的光碟、春夏秋冬背景图共4幅（黏有穿错衣服的小朋友）、丝巾、围巾、夹子、用各种旧材料制作的衣服。

经验准备：知道一年四季分别穿什么衣服。

活动过程：

1.幼儿随着音乐走模特步进入教室。

2.观看时装表演

（1）提问：小模特穿什么服装了？你们现在穿着什么衣服？现在是什么季节？教师小结：春天我们穿毛衣毛裤、外衣外裤。

（2）太阳火辣辣的，我们热出汗了，什么季节到了？夏天我们穿什么衣服？教师小结：夏天我们穿短袖短裤，女孩还可以穿上漂亮的裙子。

（3）果子成熟的季节是什么季节？秋天我们穿什么衣服？教师小结：秋天我们要穿毛衣毛裤、外衣外还需要穿什么呢？

（4）下雪了什么季节到了？冬天我们穿什么衣服？

教师小结：冬天穿棉衣。

活动延伸：用美工区材料自己动手设计并制作服装。

活动二：数学活动——衣服上的数字秘密

活动目标：

1.在游戏中乐意从自己的衣服上发现数字秘密，体会生活中有很多数字。

2.尝试用多种方法进行数数，体验数数的快乐。

活动重点：从自己的衣服上发现数字秘密。

活动难点：尝试用多种方法进行数数。

活动准备：

经验准备：对于各种数数方法有一定的经验，比如正确点数、目测数群数数、接着数等。

物质准备：钉有纽扣的马甲，每件马甲上纽扣的数量、位置、大小均不同，便于孩子运用多种方法进行数数（附图）、活动配套PPT。

活动过程：

1.说说娃娃衣服上的秘密

（1）活动导入：天气越来越冷了，老师为娃娃准备了一件衣服。这件衣服不仅漂亮，里面还藏着很多的数字秘密呢！

（2）配合PPT演示衣服上的数字秘密是什么。

重点提问：衣服里藏着数字1的秘密，1表示它有一个帽子；藏着数字2的秘密，2表示它有2个袖子。你能继续发现数字3、4、5的秘密吗？

教师小结：原来娃娃衣服上真的藏着这些数字秘密。

2.找找自己衣服上的秘密

（1）引导幼儿寻找自己衣服上的数字秘密

师：娃娃衣服上的秘密被你们发现了。那么你自己的衣服上是不是也有这些数字秘密呢？

（2）请你自己去数数看。数的时候一定要看仔细，不能多数也不能漏数。看不清楚的可以照照镜子，也可以请一个好朋友帮你一起数一数。

（3）分享并交流自己衣服上的数字秘密

你找到了哪些数字秘密？你的衣服上有1吗？有找到比3多的吗？你是怎样数出来的？

教师小结：原来每个人的衣服上都会藏着数字秘密。

（4）变变衣服上的数字秘密

通过PPT演示，为娃娃原先的外套加上一件马甲。娃娃穿上了这两件衣服，身上的数字秘密就变了。现在娃娃的身上有了数字6和7的秘密，你们找到了吗？请孩子穿上老师提供的马甲之后去数一数，看看衣服上的数字秘密有没有变化。

（5）幼儿数数，教师观察

（6）分享并交流数数结果

你衣服的数字秘密变了吗？变大了还是变小了？

你的身上有7吗？有10吗？有没有比10大的数字？

教师小结："原来加上一件小马甲，衣服上的数字秘密都会变大。"

（7）看看生活中更多的秘密

一件普普通通的衣服上面，原来藏着那么多的数字秘密。还记得自己今天衣服上有多少粒纽扣吗？知道了纽扣的数量，我们平时穿衣服扣纽扣的时候可以怎么做呢？（引申到生活环节）

活动延伸：回家数一数爸爸妈妈的衣服上的纽扣数量。

活动三：科学活动——会变的颜色

活动目标：

1.产生对颜色的兴趣，通过颜色的变化，能仔细地观察实验。

2.通过探索，懂得颜色的混合可以变成另外一种颜色。

活动重点：通过颜色的变化能仔细地观察实验。

活动难点：通过探索懂得颜色的混合可以变成另外一种颜色。

活动准备：

物质准备：橘子、茄子、白菜头饰各 8 个，颜料，透明口杯，红、黄、蓝、橙、紫、绿色卡片若干，棉签若干，调色盘，分别装有橘子、茄子、白菜图片篮子 3 个，儿童音乐 1 首。

经验准备：画画时遇到过颜色交汇时变色的情况。

活动过程

1.教师导入活动，引起幼儿兴趣

（1）教师介绍今天来参加活动的成员，引出橘子宝宝、白菜宝宝、茄子宝宝，并让幼儿说出它们的颜色。

（2）以小熊敲门送礼物引出红、黄、蓝三种颜料，并让幼儿说出颜色。

2.教师边操作实验边讲解，让幼儿观察颜色变化

（1）将红色颜料和黄色颜料倒入一个空口杯中，轻轻摇一摇，变成了什么颜色？（橘黄）

（2）用同样的办法变出绿色、紫色。并记录如下：黄＋蓝＝绿色　红＋蓝＝紫色，交代实验要求，请个别幼儿操作，教师指导。

（3）分别请一个橘子宝宝，白菜宝宝、茄子宝宝来变魔术，逐个变出橘黄色、绿色和紫色。

（4）让每组幼儿颜色卡片在桌上操作实验结果。

（5）教师小结，简评。

延伸活动：刚才老师和小朋友都当了魔术师，小熊也想当魔术师，我们来看看小熊要变什么呢？

小熊逐个变出一篮子橘子、白菜和茄子，其中一部分没涂颜色，需要小朋友来帮忙。让小朋友们用自己变出的颜色，边听音乐边用棉签给没上颜色的橘子、白菜和茄子，涂上漂亮的颜色。

活动四：语言活动——月亮的新衣裳

活动目标：

1.理解故事内容，进一步了解月亮的变化过程，知道月亮每天都有变化。

2.学习故事中优美的语言，并根据故事展开丰富的想象。

活动重点：理解故事内容，知道月亮每天都有变化。

活动难点：根据故事展开丰富的想象。

活动准备：

物质准备：图片，月亮变化图（分别为：眉毛、镰刀、小船、圆盘），衣裳图，裁缝师傅图片，皱纸、剪刀、糨糊等，故事磁带，录音机。

经验准备：学习过绘本故事《国王的新衣》。

活动过程

1. 谈话导入，引出"月亮的新衣裳"的课题

（1）你们见过月亮吗？你见过的月亮是怎么样的？它们像什么？

（2）你们见过的月亮有什么不一样呢？有的弯弯的，细细的像眉毛，有的像小船，还有的像圆盘，如果有一天月亮姑娘想做衣裳了，那会发生什么事情呢？让我们一起来听听《月亮姑娘做衣裳》的故事。

2. 分段欣赏故事

（1）结合裁缝师傅，月亮变化图和衣裳变化图，月亮姑娘长得怎么样？为什么要做衣裳？能穿上衣裳吗？为什么？

（2）看来裁缝师傅得给她重做一件，让我们接着听……这次她能穿上吗？为什么？

（3）如果裁缝师傅再给她做，你们猜会成功吗？为什么？那让我们接着听……成功了吗？

3. 结合图片 完整欣赏故事

师：小朋友们，月亮姑娘做成新衣裳了吗？为什么会这样？让我们仔细来听听这个故事吧！

提问：为什么月亮姑娘做不成新衣裳？

活动延伸： 月亮姑娘做衣裳

师：原来月亮姑娘每天都在变化，所以穿不上合身的衣裳，可是她不穿衣裳晚上出来会冷呀，你们想个办法帮她做件衣裳好吗？（幼儿用提供的材料做衣裳）

（五）健康活动——我会叠衣服

活动目标：

1.学习叠衣服，并摆放整齐。

2.培养幼儿的自我服务能力，自己的事情自己做。

活动重点：学习叠衣服，并摆放整齐。

活动难点：培养幼儿自我服务的意识。

活动准备：

物质准备：时装表演的光碟，春夏秋冬背景图四幅（粘有穿错衣服的小朋友），丝巾、围巾、夹子，用各种旧材料制作的衣服。

经验准备：起床后，幼儿和老师学过叠衣服的方法。

活动过程：

1.教师讲述故事《一只袜子》

师：今天我为小朋友带来了一个新的故事，小朋友听听这个故事讲了一件什么事情？

2.教师把故事有表情地讲两遍

（第一遍时提问讲了一件什么事情）第二遍提问：为什么小朋友的一只袜子找不到了？（因为晚上睡觉时，小朋友把脱下的衣服和袜子乱扔）小朋友的袜子在什么地方找到的？（裤腿里）为什么以后小朋友睡觉前总是把脱下的衣服叠好，摆放整齐？（早晨起床穿衣方便，养成生活的好习惯）

3.请幼儿谈谈

自己睡觉时，脱下来的衣服是怎样放的？需要认领衣服时，都是怎样做的？

4.让幼儿知道每天睡觉脱衣后，把衣服整理好，放在固定的地方。

5.教幼儿叠衣服

教师示范讲解叠衣服的方法。

6.请部分幼儿上讲台分别练习叠上衣、叠裤子、叠袜子。

活动延伸：举办叠衣服比赛。

（六）体育活动——魔法布袋

活动目标：

1.探索布袋的多种玩法。

2.能够助跑跨跳过一定距离（两个布袋的宽度）的物体。

3.体验布袋游戏带来的快乐。

活动重点：探索布袋的多种玩法。

活动难点：能够助跑跨跳过一定距离的物体。

活动准备：

物质准备：布袋若干。

经验准备：练习过双脚连续跳。

活动过程：

1.热身运动

（1）幼儿在老师的带领下伴随着音乐做热身运动。

（2）老师介绍今天的新朋友：魔法布袋。魔法布袋被大巨人偷走了魔法，失去了魔力。请小朋友们闯关打败大巨人，重新拥有魔力。

2.闯关游戏

（1）幼儿利用布袋收集新的魔力，幼儿自由探索布袋玩法，一旦发现幼儿有新的，好玩的玩法就向大家展示，大家也跟着一起做。

（2）幼儿展示布袋的新魔力。

（3）幼儿练习本领，准备闯关。

用布袋做成一条比一条更宽的小河，让幼儿练习渡过小河的方式。窄的小河，幼儿会跨跳过去；宽的小河，幼儿会用助力跑跨过去。

（4）闯关：大巨人把魔力藏在了四个山洞里，山洞在两条河的那边，幼儿要想夺回魔力就必须渡过两条小河，进入山洞，但不要被大巨人发现，拿回魔力沿路返回。

3.整理放松游戏

小朋友们帮助布袋从大巨人手里夺回了魔法，我们来学学小布袋的魔力吧。把小布袋找一个空地躺在地上，围着布袋转圈走，边走边念咒语"变、变、变"，吸吹气三次，布袋从胖子变成瘦子，然后高个子变成矮个子，最后矮个子变小个子，把小个子送回家。

活动延伸：可开展一节探究课，关于布料的多种用途有哪些。

（七）音乐活动：洗衣噜啦啦

活动目标：

1.感知乐曲的韵律美，充满想象地表现乐曲 ABC 的结构。

2.根据乐曲，创编衣服在洗衣机中的漂浮、转动、甩干的动作。

活动重点：感知乐曲的韵律美，充满想象地表现乐曲 ABC 的结构。

活动难点：创编衣服在洗衣机中的漂浮、转动、甩干的动作。

活动准备：

物质准备：音乐磁带。

经验准备：幼儿熟悉洗衣机洗衣程序，细致观察过衣服在洗衣机里漂浮、转动、甩干的样子。

活动过程：

1.完整欣赏音乐

（1）师：今天，老师带来一段好听的音乐，讲的是洗衣机洗衣服的故事，我们一起来听一听吧！（幼儿倾听音乐，感受音乐中旋律的变化）

（2）欣赏后提问：你听到了什么？

2.表现 A 段音乐，衣服放入洗衣机的样子

（1）倾听 A 段音乐，想象脏衣服被妈妈拿起放入洗衣机的样子。

（2）幼儿随音乐自由表现衣服掉入洗衣机的样子。

（3）教师扮演妈妈，个别幼儿扮演衣服。（教师唱谱，边拎起衣服的不同部位，幼儿表现出衣服掉入洗衣机的样子，并在乐句结束时，摆出衣服掉入筒底的造型。）

（4）教师提示幼儿衣服怎么掉下去的。

（5）集体表现妈妈从衣服的不同部位拎起衣服，并放入洗衣机的动作及

过程，鼓励幼儿摆不同的造型。

（6）幼儿合着音乐，表现衣服放入洗衣机的动作以及造型。

3. 表现 B 段音乐，脏衣服漂浮的样子

（1）衣服开始怎么样了？

（2）教师用夸张的动作表现衣服怎么浮起来的？（鼓励幼儿进行生动、形象的表现，如：我看见这件衣服晃晃悠悠地漂浮起来了，我看见这条裤腿也一扭一扭地漂起来了等。）

（3）幼儿合着音乐，表现衣服漂浮起来的动作。

4. 表现 C 段音乐，衣服在洗衣机里转动和甩干的样子

（1）欣赏音乐，想象衣服在洗衣机里转动和甩干的样子。

（2）个别幼儿表现衣服在洗衣机里转动和甩干的样子，教师鼓励幼儿采用不同的转动动作，引导幼儿沿着洗衣机边做甩干动作。

（3）幼儿围成圆圈和教师一起做洗衣筒转动，甩干的动作。

（教师可用头部摆动暗示或以语言提示来提醒幼儿如何表现洗衣筒转动的方向）

5. 洗衣机洗衣服

教师扮演妈妈，部分幼儿扮演脏衣服，其余幼儿扮演洗衣机，一起跟着音乐游戏两遍。带幼儿走出活动室，并提示：洗完后，妈妈将衣服全都晾在衣架上，衣服晾在衣架上是怎么样的？（引导幼儿创造性地表现衣服挂在衣架上的各种样子）

活动延伸：布置回家后跟妈妈学习用洗衣机洗衣服的任务，在洗衣过程中教给家人唱这首歌。

（八）美术活动：美丽的唐装

活动目标：

1. 认识我国的特色服饰——唐装，初步了解唐装的主要特征。

2. 学习对折后撕纸、卷纸的技巧，发展动手操作能力，体验民间艺术活动的乐趣。

活动重点：初步了解唐装的

主要特征。

活动难点：学习对折后撕纸、卷纸的技巧。

活动准备：

物质准备：课件，纸质唐装每组 1 件，圆纸片，长纸条每组若干，双面胶。

经验准备：有过色彩搭配的练习。

活动过程：

1. 观察图片，初步了解唐装的主要特征

（1）出示身穿唐装的图片。师：他们穿的是唐装，你们见过唐装吗？

（2）出示几种唐装的图片。提问：和我们平时穿的衣服有什么不一样？幼儿观察唐装图片，教师在幼儿发现的基础上介绍唐装的图案、扣子和颜色，引出团花和盘扣。

（3）教师小结：逢年过节或结婚的时候都可以穿唐装，代表吉祥如意、幸福美满。

2. 观察操作材料，进行团花、盘扣的制作

（1）出示圆纸片和长纸条，分别提问它们可以做什么。

（2）示范用撕纸制作团花，用卷纸制作盘扣，并装饰唐装。

3. 小组合作完成唐装的装饰

（1）提出要求。利用圆纸片撕出好看的花形，长纸条卷出盘扣。合理分工、小组合作。保持桌面、地面的干净，学会收拾整理。

（2）幼儿操作，教师巡回指导。

4. 作品展示，相互欣赏

（1）师：你们装饰的唐装真漂亮，新郎新娘肯定很喜欢。

（2）送唐装出活动室。

活动延伸：组织一节社会活动"我的唐装送给你"。

八、家园结合活动

亲子活动：大手小手会彩衣

家长和孩子们一起用彩色画笔绘制文化衫，表达愉悦心情和对美好大自然的热爱。有的小朋友绘制了美丽的幼儿园、悠久历史

的北京名胜古迹、亲密的一家人、炫丽的初夏美景等。两双手、两颗心，用心用情描绘着不同的场景，表达的共同的心愿就是热爱生活，做健康的好儿童；与家长一起用大手和小手画出最漂亮的衣服。

九、户外活动创设

（一）集体游戏：老狼几点了

活动目标：

1. 幼儿能两两合作运用多种方法，共同平稳且长时间的站在平衡台上。

2. 大胆参与活动，体验与同伴合作运动、挑战成功的快乐。

活动准备：

物质准备：平衡台若干、灰太狼头饰。

经验准备：玩过"小刺猬运果子"的游戏，练习走平衡木。

活动过程：

1. 情景导入

教师扮演村长说："跟着村长一起来做做运动吧"。幼儿与同伴和老师共同做热身运动，练习用不同方法站在平衡台上。

2. 集体游戏

（1）快速站在平衡台上——提醒幼儿"天黑了，大灰狼来了，赶快站到安全岛！"

（2）快而稳地站在平衡台上——鼓励幼儿要又快又稳地站在安全岛上。

（3）快而稳地站在平衡台上，并保持较长时间。

（4）教师重点观察幼儿两两合作的表现，根据幼儿运动技能的差异性，适时介入，给予积极指导。

3. 整理

随音乐做放松运动——"天黑了，我们回家吧。"

（1）教师与幼儿同做放松运动。

（2）鼓励幼儿相互做放松运动。

（二）分散游戏推荐：板羽球、双人跳绳

活动目标：

1. 锻炼手眼协调、身体协调的能力。

2. 学习与他人配合游戏，在游戏中学习交往。

材料准备：板羽球若干及两个球拍，跳绳若干。

玩法：两人进行游戏，多组可进行比赛。

1. 板羽球：一人用球拍发球，一人用球拍接球，连续接到球不掉且接到数量多的一方获胜。

2. 双人跳绳：一人持绳，一人与同伴面对面站立，跳绳带人，可以两组比赛，哪组双人跳的数量多的获胜。

十、社会领域园本课程创设反思与建议

（一）对活动主题的反思

本活动从生活中引发幼儿对唐装的认识，通过集体活动的形式，让幼儿观察唐装的特征，了解唐装的样子等，激发幼儿对活动的兴趣，并通过在生活环节、区域活动中激发孩子们对服装的探索，让幼儿多角度地了解唐装。

活动的开展，让我们看到了孩子是有能力自主学习的。本活动是由幼儿的兴趣生成来的，所以每个幼儿在活动中都是自主的、大胆的和富有创造力的，在设计作品时极富想象力，这种探究活动增强了幼儿的兴趣，建立了幼儿的自信心。

（二）对区域活动及集体活动的反思

作为教师应是幼儿活动的支持者、引导者和合作者，为幼儿创设了想说、敢说、愿意说的宽松环境，激发了幼儿进一步活动的愿望。

在集体教学活动中，教师针对的是幼儿的"无知"和"不足"，因此更强调教师的教，区域活动则更强调通过个人的体验和经历来学习，它给了幼儿一个展现自己的学习能力和学习过程的机会。幼儿不仅能真正做到"在自己原有的水平上获得发展"，还能在一个相对悠闲的、而不是追求当前学习结果的探究过程中得到满足，从而尽享学习的乐趣。因而，在区域活动的过程中教师应留意观察每个幼儿的兴趣、操作情况、自主性及交往能力等，以合作者的身份加入幼儿的活动，选择恰当的机会与幼儿共同发现、探索和解决问题，做幼儿的支持者、合作者和引导者，从而实现有效的师幼互动。

（三）对一日生活环节渗透社会领域目标的反思

一日生活环节除了是幼儿行为习惯培养的重要环节，还是幼儿学习发展各种能力的重要环节。

在一日生活环节应重视师幼互动，教师能够了解幼儿兴趣、需求，了解

幼儿原有水平,把握幼儿年龄特点,分析幼儿可能遇到的问题,了解幼儿的真困惑,找到幼儿发展真正的增长点。针对幼儿实际,引导幼儿与环境、与教师、与同伴积极互动。通过互动,促进每一名幼儿富有个性地发展。

一日生活环节中,教师观察要点及渗透社会交往行为,创设会说话的生活教育环境,以午睡环节为例,教师可引导幼儿大帮小、强帮弱,不会脱叠衣服的幼儿找能力强的幼儿帮助自己;又如在来园活动中,教师是否关注幼儿情绪、是否能对熟悉的人打招呼;能否高兴来园。幼儿所带的物品是否安全,并能将自己的物品放在指定地方,从中可以潜移默化地培养幼儿愉快生活、文明礼貌的行为、养成物归原处的好习惯。

(四)对本年段社会领域目标渗透的建议

1.具有潜移默化的特点,对幼儿社会态度和社会情感的培养尤其应渗透在各种活动和一日生活的各个环节之中。

2.幼儿与成人、同伴之间的共同生活、交往、探索、游戏等,是其社会学习的重要途径。应为幼儿提供人际交往和共同活动的机会和条件,并加以指导。

3.社会学习是一个漫长的积累过程,需要幼儿园、家庭和社会密切合作,协调一致,以共同促进幼儿良好社会性品质的形成。

我们在开展幼儿园社会领域教育时要做到三个"共同":共同作用、共同参与、共同影响,即专门的社会领域教学活动与渗透在其他领域和一日生活中的社会教育共同作用;幼儿园教师、家长和社会多方教育力量共同参与;教师的榜样、教师自身的社会性发展水平和环境创设共同影响。

老北京小吃

班级：中二班　撰稿教师：刘朋冉 刘佳

一、幼儿情况分析

首先，孩子们自己见过、吃过一些老北京小吃。发现美食的过程中孩子们遇到了很多有趣的故事，这些故事更加激发了孩子对老北京小吃的喜爱。种类繁多的老北京小吃让孩子们想到了一个问题：为什么大家这么喜爱老北京的小吃？只是因为它的味道吗？经过尝试，幼儿发现，原来老北京小吃不仅好吃，而且对我们的身体也很有好处。例如，豆汁是老北京人最爱喝的，因为它富含蛋白质、维生素 C、粗纤维和糖，并有祛暑、清热、温阳、健脾、开胃、去毒、除燥等功效。豆汁内虽然含有很多的营养，但是第一次喝时那犹如泔水般的气味使人难以下咽，捏着鼻子喝两回就感受不同了，有些人能上瘾满处找，排队也要非喝不可。为了增强幼儿参与活动的兴趣，我们为幼儿准备了各种小吃供幼儿品尝。通过幼儿的前期经验，发现本次的主题活动很吸引幼儿，这是能够更好地开展本次活动的基础。

二、主题来源

老北京有悠久的文化历史，每时每刻都在散发着这座城市的魅力，其中老北京小吃更是展现了北京这座城的韵味。老北京小吃种类繁多，有些是来自民间的，有些是宫廷流传出来的，还有些是从外地传入的。像萨其马是清朝满族入关时带进来的。为了让孩子们更加深入地了解北京，爱上北京，因此开展了本次主题活动——老北京小吃。

三、主题活动目标

（一）愿意将自己了解的老北京小吃文化与他人分享，为作为北京人感到骄傲。

（二）了解老北京小吃，感受老北京小吃的魅力。

（三）能够了解老北京小吃的功效，动手尝试制作。

四、主题网络图

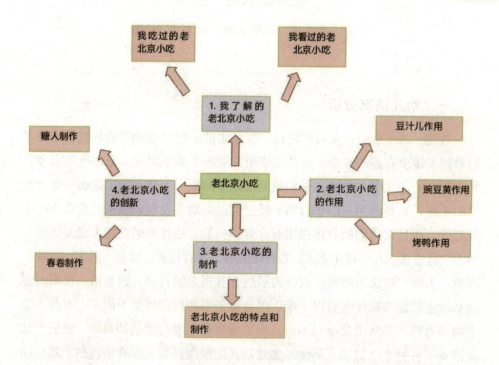

五、框架图及说明

首先，孩子们一起分享了自己见过和吃过的老北京小吃。为了更好地体验老北京小吃的魅力，我们一起制作老北京小吃。制作的过程中，孩子们更好地理解了美食的来之不易。最后，孩子们甚至还想要对美食进行创新，我鼓励大家，回家后与爸爸妈妈一起进行大胆尝试，并与同伴分享。

六、区域环境创设

（一）美工区

1.区域目标：通过自己动手制作糖葫芦，获得生活经验，培养幼儿动手能力，体验参与活动的快乐，获取传统食物的相关经验。

2.指导策略：引导幼儿通过观察、品尝、搜集资料等方法发现老北京小吃的特点，运用绘画的方式将特点大胆地表现出来，鼓励个别幼儿在绘画的过程中对作品进行创新。

3.投放材料：参考图册、彩纸、油画棒、胶棒、超轻黏土、小夹子。

（二）图书区

1.区域目标：引导幼儿通过分享图书，了解老北京小吃的来历，激发幼儿参与活动的兴趣，增加幼儿的生活经验以及对家乡的热爱。

2.指导策略：通过分享的方式，引导幼儿沟通交流，帮助幼儿通过大胆表达获得生活经验。鼓励幼儿相互交换图书，发现更多有趣的故事，从故事中了解家乡饮食文化。

3.材料投放：幼儿自制图书、制作小吃的图书。

（三）健康角

1.区域目标：通过为幼儿创设适宜的环境，激发幼儿参与健康棋游戏的欲望。

2.指导策略：鼓励幼儿共同创设健康棋，遵守游戏规则，了解保护牙齿小常识。

3.投放材料：自制保护牙齿健康棋。

七、集体教育活动

活动一：数学领域活动——冰糖葫芦

活动目标：

1.愿意动手操作，积极思考。

2.学习按照物体数量的多少进行排序。

3.能够了解 8 以内物体的数量。

活动重点： 学习按照物体数量的多少进行排序。

活动难点： 能够了解 8 以内物体的数量。

活动准备：

物质准备：

1. 1—8 数量不同的冰糖葫芦图片 8 张。

2.各种数量不同的水果图片 8 张，1—8 的数字卡片 8 张。

经验准备：喜欢思考，愿意不断探索并发现规律。

活动过程：

1.发现冰糖葫芦图片的特点，按顺序给图片排队

（1）出示冰糖葫芦图片，请幼儿数一数图片上的冰糖葫芦有几个？

（2）鼓励幼儿给图片进行排队，并引导幼儿寻找排队的规律。（引导幼儿从左往右排列）

2.幼儿分组操作，给水果图片排队

（1）启发幼儿按相同规律给水果图片排队。（按从少到多或从多到少排列）

（2）鼓励幼儿将排列经验与同伴分享，大胆表达。

3.按数字的大小排列

（1）幼儿根据数字卡片表示的数量多少，将数字卡片从 1—8 或从 8—1 排列好。

（2）请幼儿自由结伴，互相检查操作结果是否正确。

4.鼓励幼儿将自己的排列方法和排列结果与同伴分享，丰富幼儿的排序经验。

活动二：艺术领域活动——制作冰糖葫芦

活动目标：

1.愿意参与手工活动，体会动手创造的乐趣。

2.学习团小泥球和串连技能以及间隔重复串连的方法。

3.能够完成手指的精细动作。

活动重难点：学习串连技能以及间隔重复串连的方法。

活动准备：

物质准备：颜色丰富的橡皮泥和竹签每人1份，2串冰糖葫芦，PPT。

经验准备：了解简单的捏泥技巧，愿意动手尝试操作。

活动过程：

1. 出示冰糖葫芦，引起幼儿的兴趣

（1）师：今天，老师带来了一样非常好吃的东西，小朋友们知道是什么吗？

（2）幼：冰糖葫芦。

2. 谈话讨论，探讨制作冰糖葫芦的方法

（1）观看制作冰糖葫芦的PPT，了解制作冰糖葫芦的方法。

（2）老师示范讲解制作冰糖葫芦的方法。

①先团球：取下一小块需要颜色的橡皮泥，把它放在手心，另一只手压在泥块上边转边团。

②用竹签穿起小球：左手拿着小球，右手拿着竹签，把小球慢慢地一个接一个地穿起来，保证每个小球之间要有一定的距离，防止作品变形。

3.幼儿动手尝试制作冰糖葫芦

教师需要仔细观察幼儿的制作过程，对个别幼儿进行指导和示范，同时鼓励幼儿互相帮助，合作完成。

4.展示幼儿作品，总结评价，结束活动

对做得好的幼儿及时给予表扬。结束时，将做好的"冰糖葫芦"放在一张干净的纸上，待作品变干成型后放在幼儿作品区展示，让幼儿体会创作的乐趣同时懂得相互欣赏彼此的作品。

活动三：社会领域活动——食品安全我知道

活动目标：

1.体会食品安全的重要性，选择营养健康的食物。

2.初步了解"三无"食品、过期食品，知道吃了这些食品会危害身体健康。

3.能参考生产日期选择安全健康的食品。

活动重点：了解"三无"食品、过期食品，知道吃了这些食品会危害身体健康。

活动难点：能参考生产日期选择安全健康的食品。

活动准备：

物质准备：PPT 课件，儿童常见食品若干。

经验准备：知道简单的食品安全常识，认识一些健康的食物。

活动过程：

1. 了解"三无"食品

（1）师：小朋友们，你们认识它吗？那你们知道懒羊羊为什么在哭呢？（创设情境，激发幼儿参与活动的兴趣）

（2）师：通过观察，我们发现懒羊羊身体很不舒服，所以就哭了，这可怎么办才好呢？（引导幼儿解决问题）

教师小结：当小朋友觉得身体不舒服时，也要到医院检查一下，这样会让我们的身体保持健康。

（3）师：懒羊羊来到了医院，医生对它说了什么？

（4）师：为什么懒羊羊身体会不舒服呢？

（5）师：原来懒羊羊是吃了"三无"食品身体才会不舒服，你们知道什么是"三无"食品吗？

（6）师：我们听医生介绍一下，"三无"食品是哪"三无"呢？

教师出示相应字卡介绍"三无"食品，并帮助幼儿了解其含义。

（7）教师：生活中"三无"食品在什么地方比较多见呢？（讨论）

教师小结："三无"食品一般在路边的小摊、小贩那比较常见，小朋友最好不要去路边摊上购买食品。

2. 探究选购食品的方法，了解过期食品

（1）师：我们在选购食品的时候应该注意些什么呢？（幼儿讨论）

（2）师：老师带来了一段录像，请小朋友仔细观察录像中的叔叔在选购

食品时，特别注意了什么？（播放录像）

（3）师：叔叔在选购食品仔细观察了什么？

（4）师：老师给小朋友准备了面包，请小朋友观察一下面包的包装找一找这三种标记。(幼儿操作)

（5）师：你们知道这些标记都表示什么意思吗？我们一起来听一听吧！

（6）教师结合面包介绍过期食品。

（7）教师：原来选购食品还有这么多的方法呢！老师还把这些方法变成了儿歌，我们一起来说一说吧！

3. 尝试选购安全的食品

（1）小朋友知道了选购食品的方法，懒羊羊还不知道呢！你们要把这个好方法告诉懒羊羊。

（2）师：懒羊羊还在生病，让我们带上自己的礼物去看望它吧，希望它能够赶快好起来。

教师小结：你们都是会关心别人的好宝贝，请小朋友注意分享的食物一定是安全食品哟。

（3）师：你们看，我们教室中就有很多的食品，请每个小朋友去挑选一份食品作为礼物送给懒羊羊，挑选食品的时候一定要注意观察安全标记和生产日期。选好后，请把礼物拿好与大家说一说。

（4）师：谁愿意来介绍一下你挑选的食品呢？（幼儿介绍）

（5）互相检查验证挑选的结果，遇到问题及时解决。

（6）给懒羊羊送礼物，分享礼物。

活动四：语言领域活动——我知道的北京小吃

活动目标：

1. 愿意在集体面前讲述自己的经历。

2. 学习用简单的句子完整、连贯地表述事物的主要特征。

3. 能够了解老北京的小吃，并说出自己知道的小吃名称以及特色。

活动重点： 学习用简单的句子完整、连贯地表述事物的主要特征。

活动难点： 能够了解家乡北京的小吃，并说出自己知道的小吃名称以及特色。

活动准备： 活动前，请家长为孩子介绍关于北京小吃的知识，并收集相关图片带来幼儿园。

活动过程：

1. 我们的家乡

北京是我们的家乡。有很多好吃的东西，你们知道都有哪些吗？

2. 北京的小吃

（1）幼儿自由介绍自己知道的小吃，然后教师小结。

（2）师：今天老师也带来了一些我们北京的小吃，请小朋友们看看都是些什么小吃？

（3）有的小朋友说图上的是某某小吃，有的小朋友说是某某小吃。到底这些是什么小吃呢？让我们来一起看一看。

3. 欣赏视频

（1）教师播放视频，引导幼儿仔细观看，这是哪种小吃？是如何制作的？

（2）教师鼓励幼儿仔细观察，发现小吃的制作方法，与同伴分享。

4. 朗诵儿歌

（1）尝试将小吃的特色编成儿歌与同伴分享。

（2）幼儿朗诵儿歌。

5. 创编儿歌

（1）你们还吃过哪些美味的小吃？味道怎么样？（根据幼儿讲述，出示相关图片）

（2）小结幼儿讲述内容：我们家乡的小吃还有很多，而且这些小吃都很美味，让我们一起把这些美味的小吃都编到儿歌里。

活动五：健康领域活动——好吃的粗粮

活动目标：

1.愿意吃粗粮，了解吃粗粮有益于身体健康。

2.认识生活中常见的粗粮，知道它们的名称。

3.能够了解粗粮，进一步感受粗粮的外形特征及营养价值等。

活动重点： 愿意吃粗粮，了解吃粗粮有益于身体健康。

活动难点： 能够了解粗粮，进一步感受粗粮的外形特征及营养价值等。

活动准备：

物质准备：

1.准备各种粗粮的图片，如玉米窝窝头、大煎饼、黑麦馒头、黑麦锅贴等。

2.用粗粮做的，玉米粥和小米粥。

经验准备：事先可请家长有意识地和幼儿去品尝粗粮食品，并引导幼儿谈谈吃了这些食物的感受。

活动过程：

1.认识几种常见的粗粮食物，知道它们的名称

（1）教师和幼儿玩"粗粮小吃店"的游戏，了解粗粮名称。

（2）教师引导幼儿用调查的方法，了解粗粮的简单知识。

2.了解粗粮食物的营养，鼓励幼儿品尝食物

（1）请幼儿观看图片，如玉米窝窝头、大煎饼、黑麦馒头、黑麦锅贴；品尝食物，如玉米粥、小米粥，巩固对粗粮食物名称的认识。

（2）教师请幼儿品尝食物，启发幼儿说说吃这些食物的感受。

（3）教师引导幼儿讨论粗粮的营养价值。

3.通过"粗粮小吃店"的游戏，进一步巩固幼儿对粗粮的认识。

（1）教师和幼儿丰富"粗粮小吃店"的游戏内容。

（2）教师为幼儿提供各种材料，如纸、超轻黏土等，让幼儿制作粗粮食物。

（3）教师和幼儿一起创设"粗粮小吃店"的游戏情境，展示幼儿制作的食物。

4.教师总结：小朋友们应该多吃粗粮和有营养的食物，老北京的豆汁儿和豌豆黄也是不错的选择，夏天可以去火解暑。

八、户外活动创设

集体游戏：小吃大作战

游戏规则和方法：运用平衡木、跳圈、拱形门等为幼儿设计闯关障碍，为了鼓励幼儿参与游戏，在游戏过程中放置豌豆黄、糖葫芦、驴打滚、豆汁儿的图片，规定时间集齐全部图片获得胜利。

分散游戏：小吃捉迷藏

游戏规则和方法：将各种小吃的图片藏在户外的角落（一定范围内的安全角落），小朋友在指定范围内进行寻找，规定时间内获得所有小吃图片的小朋友获胜，若没有人获得全部图片，获得图片种类多的小朋友获胜。

九、生活活动创设

生活活动目标：

1.愿意与同伴一起动手制作物品，通过制作表达自己的情感。

2.学习颜色搭配、手工技巧等方法，自己动手制作。

3.能够通过制作，大胆地表达自己的想法，有创新精神。

指导策略：引导幼儿利用游戏环节和过渡环节，制作自己喜欢的老北京小吃，表达自己对北京小吃的喜爱以及对家乡的热爱。

十、社会领域园本课程创设反思

游戏是幼儿自主参与的一项活动，体育游戏是幼儿体育活动中的重要一部分，为了发展幼儿的基本动作，掌握跑、跳、钻、爬等基本技能，锻炼幼儿身体，增强幼儿身体健康，我设计了本次的游戏活动。幼儿能够在活动中积极参与，有获胜的信心。能够正确对待比赛的输赢，与同伴有好的相处。

在主题活动中"制作冰糖葫芦"环节中，涉及到了玩橡皮泥，玩橡皮泥不只可以让幼儿的小手得到锻炼，还可以使幼儿的想象力得到延伸，不断提升自信，享受成功带来的快乐！"手是意识的伟大培养者，是智慧的创造者。如果让幼儿的小手更加灵活，触觉更加敏感，幼儿就一定会更聪明、更富有创造性，思维也更加开阔。"心灵手巧说的就是这道理，所以橡皮泥的真正价值和作用在此。因此，在今后的区域游戏、集体教育活动过程中我应该关注橡皮泥的投放，让幼儿自由地捏着玩，最大限度的发挥泥的作用，而不是一味地追求幼儿技能的发展。

幼儿园社会教育是指以发展学前儿童的社会性为目标，以增进其社会认知、激发其社会情感、引导其社会行为为主要内容的领域教育。幼儿园社会教育是由社会认知、社会情感及社会行为技能三方面构成的有机整体，是学前儿童全面发展的重要组成部分。《幼儿园教育指导纲要（试行）》明确提出，社会领域的教育与其他领域不同之处在于其具有潜移默化的特点。幼儿社会认知、社会态度和社会情感的培养尤其应当渗透于一日生活的各个环节和各种活动之中。社会领域课程的内容常常与幼儿日常生活紧密的联系在一起，社会认知、社会情感与社会行为只有在日常的生活和游戏中才能生动地体现出来。就像这次的"老北京小吃"就是来源于幼儿的生活实际。因此，幼儿园社会教育的合理渗透对幼儿的身心和社会发展具有重要的意义和价值。我要不断思考如何将教育融入到幼儿的一日生活中，引导幼儿将学到的本领运用在生活中。

在幼儿的一日生活之中完成社会领域目标的渗透需要做到：1.通过制定游戏活动的规则进行适当的渗透。2.深入挖掘社会领域教育的内容。3.教师在实施渗透式社会教育时，要始终把握好渗透的"度"，要分清领域内容和目标的主次。在将社会教育内容渗透到其他领域教育活动中时，首先要清楚其他领域活动的类型和目标，时刻提醒自己渗透的目的是促进其他领域的活动目标更好地实现和完成。

第三章　大班篇

城铁来了

班级：大一班　　撰稿教师：姜燕

一、主题来源

今年的 3 月份刚开始，我班开展了主题活动"城铁来了"，开展这样的一个主题活动源于 2017 年年末，燕山区发生的一件大事，就是燕房线开通了，孩子们非常地兴奋，有的小朋友还在开通的第一天让爸爸妈妈带着一起乘坐了地铁。基于小朋友们对燕

房线的热爱，和大班小朋友们的自我探索意识增强，我们在这学期开展了这样的一个主题活动。这个主题活动，孩子们非常熟悉，又非常喜爱，孩子们能够自发地去搜集信息，主动参与体验，对整个主题活动的开展非常有帮助。在这样的兴趣之下，我们一起选择了这样的主题活动，经过班级的讨论，我们还一起为这次的主题活动起了好听的名字叫"城铁来了"，孩子们非常地喜欢这个好听的名字，其中高一维小朋友说："像是来了一位好朋友。"在之后的活动中，我们通过教育活动，结合区域的辅助作用，孩子们在整个过程中能够主动探索、搜集信息、整理资料、相互合作等，这些都为孩子们今后的学习奠定了非常好的基础。

二、幼儿情况分析

（一）能自然、有礼貌地与人交流，能大胆运用各种语言表达方式清楚地表述出自己的想法。

（二）愿意主动发现问题、提出问题，并能围绕一个话题进行讨论。

（三）在开放性的环境中乐于实施自己的想法、愿望和活动计划，获得成功的体验，增强自尊心、自信心。

（四）主动、友好地与他人交往，愿意感受分享、互助、合作的快乐和意义，有一定的交往技能，能够独立解决交往中的问题。

（五）能够尝试用多种方式表达自己真实的发现、感受、探索的过程和经验。

（六）喜欢参与各种美术活动，如绘画、纸工、泥塑、废旧物品制作等，能够有创造性地做些小手工。

三、主题网络图

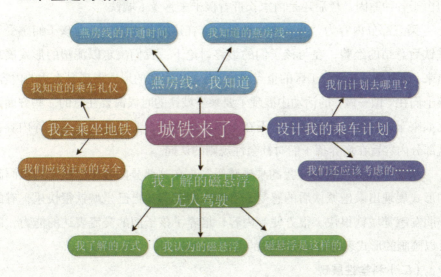

四、主题活动总目标

（一）能够通过不同的方式了解燕房线，知道关于燕房线信息。

（二）能够在了解燕房线的过程中，学会搜集资料、整理资料、发现问题并尝试与同伴合作解决问题。

（三）喜欢燕房线，养成爱探索、爱搜集、爱合作的良好学习品质。

五、主题活动具体实施

这次的主题活动，我们是按照两条线路开展，一条是社会性，另外一条是科学性。

（一）社会性展现

主题活动刚开始，孩子们已经对城铁有了一定的了解，孩子们能够说出部分关于城铁的内容，有的小朋友还在开通那天亲自去尝试去乘坐了城铁。因而，第一部分内容为"燕房线我知道"。孩子们在这部分内容里，将自己了解到的关于燕房线的信息以画画的形式，或者搜集资料的形式展现出来，培养了孩子们搜集、归纳、整理的能力，进而也对下面主题开展奠定了基础。

第二部分内容为"我们的出行计划"。在这部分内容中孩子们讨论了出行需要准备的东西，比如公交卡、地图、水、背包等，以及谁带着我去，时间、地点等。在这个过程中，培养了孩子做计划的能力，虽然我们计划是一起出行，但由于各种原因，最后还是由家长带着孩子去感受了城铁。

第三部分内容为"我会乘坐地铁"。在这部分内容中，是孩子们感受了城铁后总结的经验，在与孩子们的最终讨论下，我们决定以泥塑的形式展现出来，这也是4月份美工区的重点内容，就是用泥塑的形式展现要表达的内容，孩子们在"做一做"的活动中展现了要乘坐城铁的时候需要注意的一些方面，比如乘车的顺序、尊敬老人、不在车内大声喧哗、要注意听报站名等内容，这部分内容旨在培养孩子们对社会性规则的认同。

最后一部分内容为"我的乘坐感受"。在这部分内容中，孩子们以画画的形式展现出乘坐城铁后的感受，有的小朋友感觉自己坐城铁很快乐，有的小朋友感觉城铁很快、很方便等内容，培养了孩子们的交流表达的能力，以及以画画的形式表达自己想要说的内容。

（二）科学性展现

在这部分内容中，孩子们在对燕房线搜集到的信息中，最关注的是磁悬浮和无人驾驶。对这两项内容，孩子们既感到陌生，又想探究究竟。我们本着研究科学领域的顺序展开，带领孩子们一起提出问题—起猜想问题—了解途径—验证过程—结论。比如在研究什么是磁悬浮的时候，我们是这样设计的：什么是磁悬浮、我认为的磁悬浮、我是这样了解的、磁悬浮是这样的、在生活中的应用。在研究无人驾驶的过程中，我们按照这样的顺序展开活动：什么是无人驾驶、我认为的无人驾驶、我是这样了解的、无人驾驶是这样的、在生活中的应用。这些过程展现的是孩子们的学习过程，更是体现了主题墙的价值，为孩子们学习梳理了思路。

六、班级生活区域创设

（一）离别的味道

因为这次的主题活动的时间已经是下学期了，孩子们在心里上难免多少会有一些伤感之情，在与孩子们商量的过程中，我们利用门后的空闲位置设计了一个"离园倒计时"的墙饰，希望孩子们珍惜在幼儿园生活的同时也更希望孩子们能够了解小学与幼儿园的不同。

（二）牙齿保卫战

大班的孩子们都在经历着换牙的过程，很多小朋友都在说自己的牙松动了，还有的小朋友已经掉牙长出新牙了。因此，在健康墙上我们一起设计了"牙齿保卫战"这样一个板块，希望能够缓解孩子们换牙过程中的困扰，让

孩子们能够放松心情，理解换牙是一种正常的现象，不要紧张。通过教育活动，通过进行讲解、课后一起讨论等形式，让幼儿理解换牙这种现象。墙饰上，我们提供了刷牙的方法，蛀牙的形成过程，换牙的统计表格以及好玩能操作的牙齿健康棋等内容。

七、班级区域活动创设

（一）建构区：搭建未来城铁

区域目标：能够有计划、有合作的搭建心目中的城铁。

区域材料：车站站牌、模型城铁、大树、小花、小草、花坛等常规材料。

开展过程：我班的建构区有很大的优势是在大厅，满足了孩子们对搭建场的需求。这次的搭建活动也是在班级的主题活动之下开展的，在活动之前，我们先让孩子们设想未来的城铁，孩子们

画了很多未来的城铁，有带翅膀的、有带螺旋桨能够飞起来的，有的外形是小鱼形状的能够下水等。在搭建的过程中，孩子们搭建了城铁的轨道，城铁的车厢，周围的建筑。每次都有不同形式的城铁，孩子们在这个过程中能够解决搭建中的问题，学会做计划，会一起分工合作。在分享过程中，孩子们能够自己提出问题，并且使用一定方法解决并描述。

（二）美工区：制作城铁、准备节日盛装

区域目标：能够有创意有计划的完成创作。

区域材料：纸箱、纸杯、瓶盖、彩布条、彩绳等等。

开展过程：美工区活动共开展了两次小主题内容，一次是制作城铁过程，一次是准备"六一"的节日盛装活动。制作城铁是在主题活动之下开展的活动，孩子们用箱子连接起来当作城铁的车厢，用瓶子盖当底，上面用纸板来做的一排座椅。在这个过程中，孩子们一起合作，展开想象力，制作心目中的城铁，发现问题能够自己来解决问题。在制作节日盛装的过程中一块是"我是小小设计师"，另一块是"服装加工厂"，在这两块的内容中孩子自己寻找可能出现的问题以及解决的办法，整个过程充分展示了大班幼儿的合作、探究精神。

（三）植物角

区域目标：

1.了解植物的不同生长方式。

2.能够连续观察植物的变化并进行记录。

区域材料：记录表、笔、各种测量工具，植物等。

开展过程：植物角是按照植物种植的方式展开的；主要分为观赏区、水培区、种植区、实验区。在观赏区中放入了不同的植物，主要让孩子们观察植物叶子的不同形状。在水培区中，投放的是大白菜、萝卜、洋葱、红薯等不同植物发出的根，透过透明的玻璃缸孩子们可以仔细地观察。在种植区中，我们一起种植了土豆、山药、豆角、大蒜、白萝卜、红萝卜等植物，这些植物有孩子们带来的，也有在园一起种植的，孩子们可以每天进行浇水、测量、比较等活动。在实验区，进行了两项实验，一是比较火龙果的种子的发芽实验，一个是追光实验。这两项实验都很成功，孩子们能够比较明显地进行观察和记录。

（四）表演区

区域目标：游戏过程积极主动，能够积极与他人协商，顺利完成表演过程。

区域材料：各种乐器、自制服装、音乐、头饰等。

开展过程：在表演区中，孩子们的节目有故事表演、皮影戏表演、歌舞表演和时装秀，总共有 15 个节目。孩子们基本能够熟悉每一项表演内容，知道表演的流程，会报幕、谢幕，会邀请客人观看。特色表演是皮影戏，在表演的过程中，不仅是艺术领域的展示，更渗透着光影的科学现象。

（五）图书角

区域目标：

1.喜欢阅读各种图书，从中获得感兴趣的信息，不断扩展相关的知识和经验。

2.有良好的阅读习惯。

区域材料：手偶、图片、各类书籍等。

开展过程：图书角中投放的书籍种类丰富，进行书籍的分类和标识。孩子们能够结合画面自己来编故事。我们投放了讲故事的故事盒，找找自己的名字、图书漂流等内容，切实落实大班的前阅读和前书写目标。

（六）益智区

区域目标：能够做到有耐心，与周围同伴有合作，积极富有创造地进行玩具游戏。

区域材料：亿童玩具、各种老旧玩具。

开展过程：益智区主要结合大班幼儿的领域目标进行，围绕时钟，对称、找方位等内容进行自制玩具的投放。在这个区域中，我们还创设了一个老旧玩具区，专门搜集了很多旧玩具，有玻璃球、摔宝、羊拐等玩具。这些玩具的投放，充分让幼儿体验玩具的传承，文化的传承。

（七）科学区

区域目标：了解自然光的组成颜色，探索三棱镜的奥秘。

区域材料：三棱镜、亿童玩具等。

开展过程：自制玩具有风力小车、空气动气、力的传递。主要引导幼儿研究的是光，透过三菱镜下光带颜色的变化进行光的探究。

八、集体教育活动

活动一：社会活动——我会坐地铁

活动目标：

1.喜欢乘坐地铁，感受绿色出行是一种很方便的出行方式。

2.会看地铁里的相关标识，知道乘坐地铁的基本规则及礼仪。

3.了解乘坐地铁的基本流程。

活动重点：了解乘坐地铁的基本流程。

活动难点：会看地铁里的相关标识，知道乘坐地铁的基本规则及礼仪。

活动准备：

物质准备：乘坐地铁过程排列示意图。

经验准备：有乘坐过地铁的经验。

活动过程：

1.谈话导入，引起幼儿兴趣

（1）小朋友们，你去过北京市里吗?

（2）你是乘坐什么交通工具去的北京市里的呢?

有的小朋友是坐私家车去的，有的小朋友是乘坐公共汽车、地铁等公共交通工具去的。

2.排列图片，了解乘坐地铁的流程

（1）小朋友们，你们坐过地铁吗?

怎样坐地铁呢?

（2）幼儿自己操作排列图片。

原来乘坐地铁的步骤是"买票—进站—坐地铁—出站——最后到目的地。"

师：为什么有人不买票就直接进站呢?

原来买票的方式有很多，有的现场买票，有的刷北京公交卡，有的直接刷手机进站，所以才会出现有的有买票步骤，有的没有买票步骤。

3. 在模拟坐地铁的情景中，了解地铁里的一些基本设施及相关标志

（1）学习看方向坐车及等车礼仪

播放列车进站的语音提示，提问：你听到了什么? 它提醒我们注意什么? 出示时间提示牌，这是什么呢? 它告诉我们什么意思? 教师与幼儿交流等车的站位? 等车时应该注意哪些方面?

（2）认识车厢里的标识，学习文明、安全地乘坐地铁

①有一个小姐姐也要来坐车，我们来看看她是怎么乘坐地铁的呢? （观看录像）

②车厢里还有哪些标志，我们可以自由看一看，你能看懂吗? 一会儿和大家来分享。

（3）了解车厢里的设施设备，知道其用途

车厢里还有些什么东西? 车厢里的这些设施，给我们创设了舒适的乘车环境，保证了我们的乘车安全。

4. 感受地铁出行的方便与快捷，倡议幼儿绿色出行

（1）观看地铁宣传片，感受地铁出行的方便快捷。

（2）说说地铁出行的优点。没有红绿灯、非常方便、快捷、而且不会排放尾气、非常环保。

活动延伸：建议和爸爸妈妈一起进行一次绿色出行，感受地铁的方便与快捷。

活动二：科学活动——乘地铁数站数

活动目标：

1. 体验生活与数学的密切联系，激发幼儿的学习兴趣。

2. 能看懂地铁轨道交通线路图，感知空间的位置。

3. 初步认识线路图上的简单标记，能用数数的方法来确认站数。

活动重点：能看懂地铁轨道交通线路图，感知空间的位置。

活动难点：初步认识线路图上的简单标记，能用数数的方法来确认站数。

活动准备：

物质准备：北京地铁交通线路图、数字卡、小动物图片。

经验准备：幼儿乘坐过地铁线路。

活动过程：

1. 回忆乘坐地铁的经验

（1）出示地铁标记：今天老师带来个标记，看是什么？

（2）你坐过地铁吗？为什么要坐地铁？（没有红绿灯、不堵车、很方便）

2. 认识地铁轨道交通图及简单的标记

（1）师：瞧，我还带来了什么？你看到有几条地铁？你怎么看出来有22条的？这是我们的北京地铁，其中的房山线就是离我们最近且刚刚通车的。

（2）地铁轨道交通图上一个个圆圈是什么呢？这就是列车要到达的每一站，到达这每一个圈圈车就要停下来。

3. 学习用数数的方法来计算站数问题

（1）现在我们要去北京动物园，小朋友看看可以坐几号线去呢？要坐几站呢？

（2）请幼儿尝试数站。（坐的是房山线共11站；9号线12站；4号线1站，就到达了目的地）

（3）接下来要去天安门玩了，又该怎么乘坐车呢？我们可以乘坐4号线坐6站；1号线2站。

（4）老师出示一个和一样的轨道交通图，请帮助找到它们要去的地方，并且画出它们要走的最优线路。

4. 活动结束

由于大家选择的路线不同，所以坐的方向、站数都有所不同，大家回家后可以和爸爸妈妈继续设计最优的出行线路。

活动三：健康活动——地铁轨道

活动目标：

1.喜欢运动，感受运动的快乐。

2.尝试根据信号做正确反应，在移动中提高身体的协调性。

3.感受排好队的重要性。

活动重点：尝试根据信号做正确反应，在移动中提高身体的协调性。

活动难点：感受排好队的重要性。

活动准备：

物质准备：一块平整的操场地。

经验准备：幼儿会排队。

活动过程：

1.**热身活动——活动身体，防止运动伤害**

幼儿模仿老师甩手、踢腿等动作，慢走、慢跑结合，听老师口令走、跑、停交替。

2.**地铁轨道——能根据信号正确排队，体验排队的重要性。**

（1）尝试自己排好队，老师帮助幼儿调整队伍整齐度。

（2）教师左右移动位置，幼儿根据老师手臂方向进行排队，排队过程中教师帮助幼儿调整队伍，提高幼儿的排队速度与整齐度。

（3）教师随机改变手臂方向，幼儿快速调整排队的位置并进行计时。

（4）老师离开幼儿队伍一定距离，幼儿根据老师口令和手臂信号进行快速排队。

（5）老师伸出两只手臂，幼儿自由选择老师手臂信号队伍进行排队。

（6）老师双手改变方向，幼儿快速排队，同时老师进行计时。

儿歌：队伍排整齐；排队不拥挤；排不下的排后面。

3.**放松活动——腿部肌肉放松**

坐在场地上，双手进行腿部拍打，放松结束。

活动四：语言活动——小蚂蚁坐车

活动目标：

1.感受故事中小动物们之间互相帮助，相亲相爱的情感。

2.结合自己的生活经验讨论在乘车中不同情景中应该怎么样做。

3.通过欣赏故事《小蚂蚁坐车》，懂得尊敬长辈，待人热情。

活动重点：结合自己的生活经验讨论在乘车不同情景中应该怎么样做。

活动难点：通过欣赏故事《小蚂蚁坐车》，懂得尊敬长辈，待人热情。

活动准备：

物质准备：图片小猴、小猪、小狗、小熊、小蚂蚁。

经验准备：幼儿喜欢听故事。

活动过程：

1.谈话导入，引出活动

你坐过公共汽车吗？在公共汽车上发生过什么事情呢？（回忆生活相关经验）

2.出示小蚂蚁的图片和汽车图

（1）这是谁呀？小蚂蚁要坐车到森林里去看外婆，在车上发生了什么事情呢？（用问题带着幼儿们一起有目的去倾听故事）

（2）教师操作图片讲述故事前半段："我坐你们的位置上，你们不就要站着吗？"

（3）提问：最后谁上了汽车？小羊对熊婆婆说了什么？小狗又说了什么？还有谁说了话？熊婆婆坐了吗？为什么没有？那怎么办？你有什么好办法？（一连串的小问题目的是帮助幼儿回忆故事内容，学说故事中人物的对话，通过对话的练习感受和理解故事中小动物之间互相关爱，互相帮助的情感。）

（4）教师讲述故事的后半段；提问："小蚂蚁想出了什么办法？你喜欢这个办法吗？为什么？"（通过引导幼儿观察熊奶奶和小蚂蚁的形象对比，让幼儿理解故事中小蚂蚁的办法是可行的，体验互相帮助互相关爱的快乐。）

3.情景创设，组织幼儿讨论

（1）假如你和妈妈或爸爸两个人乘车的时候，只看到了一个位置，你会怎么办？（引导幼儿迁移小蚂蚁的经验，和妈妈一起坐位置，坐在妈妈的腿上）

（2）假如你坐的车的位置上有爷爷奶奶站在一边，你会怎么办？

（3）假如你坐的车的位置上看到有一个比你小的弟弟妹妹，你会怎么办？

4.游戏：红绿灯

幼儿人手一个呼啦圈当小司机，教师当交警，看红绿灯自由地游戏，红灯停，绿灯开。

活动五：艺术活动——画地铁

活动目标：

1.选择自己喜欢的方式进行创作，体验创作的快乐。

2.尝试设计出不同车厢造型的地铁。

3.感知地铁的方便与快捷。

活动重点：尝试设计出不同车厢造型的地铁。

活动难点：尝试设计出不同车厢造型的地铁。

活动准备：

物质准备：PPT课件、白纸、水彩笔、黑色记号笔。

经验准备：幼儿有见过地铁。

活动过程：

1.观察与交流

（1）认识地铁标志

导入：小朋友，你们认识这些个标志吗？你在什么地方看到过？

（2）幼儿回忆乘地铁的经验

提问：地铁是在哪里开的呢？那么它和小汽车、公共汽车有什么不一样的呢？哪个更快呀？

提问：在隧道里有没有红绿灯？会不会堵车呀？

哦，原来地铁跟我们在马路上乘的小汽车和公共汽车是不一样的，地铁里没有红绿灯。

2.尝试自己设计未来的地铁

（1）根据 PPT 课件展示说说地铁的外观。

提问：谁来说说未来地铁可能是什么形状的呀?

（2）根据自己的想象幼儿独立创作未来的地铁。

3.一起分享幼儿们的创作

幼儿们大胆地介绍自己设计创作的地铁。

九、户外游戏

（一）集体游戏

游戏名称： 汽车俱乐部

游戏目标：

1.在活动中能遵守交通规则，与同伴和睦相处分享快乐心情。

2.锻炼幼儿腿部肌肉，练习蹬的动作。

3.在游戏过程中学会与同伴商量。

游戏材料： 交通标志、自行车、三轮车、四轮车、小推车

游戏玩法：

1.分组骑车。

2.骑三轮车、四轮车绕障碍物骑行。

3.骑车带人，后面的小朋友可蹲可站。

4.小推车搬运东西。

（二）分散游戏

游戏名称： 车类游戏

游戏目标：

1.熟悉各类车的基本玩法。

2.培养孩子的手脚协调能力，控制和灵活能力。

3.增进孩子的动作协调与发展，加强平衡感的锻炼。

4.锻炼幼儿的腿部肌肉，更加结实有力。

游戏玩法： 幼儿手脚协调脚踏车，能通过手脚的共同合作来骑小车，并
在车上保持平衡，通过对脚踏车的熟悉，逐步锻炼幼儿的控制和灵活能力。

十、社会领域园本课程创设活动反思

（一）看得见的过程，体会到的价值

这次的主题活动"城铁来了"为线索，巧妙地整合了语言、社会、艺术、科学、健康五个领域的教育内容，促进了幼儿科学全面的发展。在整个活动中，我们充分调动了幼儿的积极性和主动性，幼儿都是积极的参与者、思考者和心行动者。在幼儿的活动兴趣和教育目标的基础下，提出了此次活动的主题，并带领孩子们开展了一系列的主题内容。

（二）看得见的任务，体会到的思考

在这次活动中我们突出活动任务，弱化活动目标，将活动目标隐藏在幼儿的活动背后，体现了寓教于乐的教学原则，使幼儿在不知不觉中获得发展，在具体活动中教师注重活动的游戏性和主动性，又兼顾教师的主体性，不仅给予幼儿大量的动脑和动手的机会，强调对幼儿主动思考、主动表达等能力的培养，同时还进行适当地引导，促进幼儿已有水平的提高。

（三）看得见的形式，体会到的丰富

这次的活动，形式十分丰富，既有全班集体活动，又有小组活动；既有专门的教学活动，又有比较自由的区域活动，活动中孩子们充分挖掘"城铁"内容，区域活动过程中尽量辅助主题开展的过程，整个主题过程是十分丰富的。

冬天来了

班级：大一班　撰写教师：李丹宁　刘红伟

一、主题来源

冬天雪花飞扬，孩子们打雪仗、堆雪人、制作冰花，这些奇妙的景色，有趣的户外活动，会引起幼儿极大的好奇和兴趣，我们正是利用这自然现象开展以"冬天来了"为主题的活动。用各种形式激发幼儿动脑、动口、动手，使其在丰富的自然科学的同时，培养其对物的分类、统计的能力，以及对艺术的表现能力，并锻炼他们的意志，陶冶他们对大自然的热爱之情。

二、幼儿情况分析

（一）了解冬天的特点，知道如何在冬天防寒保暖。

（二）知道一些小动物冬天的冬眠状态，可以用自己的语言讲述《小动物怎样过冬》的故事，并乐意和小朋友分享《小动物怎样过冬》的故事。

（三）可以通过动手动脑，运用多种材料创造出自己喜欢的冰花。

（四）通过故事可以让幼儿了解常见动物的冬眠状态，还可以增加爱护身边小动物的情感。

三、主题目标

（一）引发幼儿对季节变化的关注。

（二）知道根据天气变化增减衣物。

（三）喜欢、爱护身边的小动物。

（四）了解常见小动物是怎么过冬的。

（五）懂得欣赏大自然送给的礼物。

（六）尝试用各种材料制作。

（七）愿意与同伴交流自己内心想法。

四、主题结构图、环境图及说明

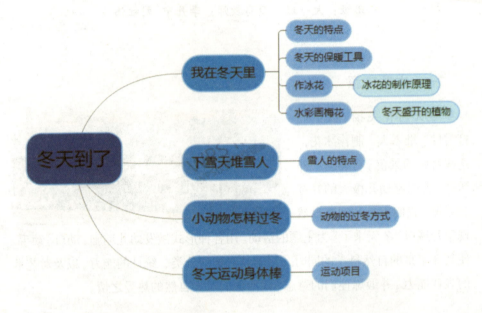

五、区域环境创设

（一）美工区

目标：

1.尝试用多种材料制作冰花。

2.提升对作品的审美度。

3.愿意大胆表达自己的想法，展示自己的作品。

材料投放：彩纸、瓶盖、茅根、剪刀、纸杯、吸管、纽扣等手工材料。

指导策略：

在美工区，教师先与孩子们分享制作冰花的步骤以及图片，激发幼儿想去做冰花的兴趣。引导幼儿运用多种材料进行冰花的制作。孩子们运用多种材料制作冰花，根据自己的意愿，充分发挥自己的想象制作出了各式各样的冰花。我们还把制作好的冰花挂在树枝上进行观察。

通过冰花制作活动，不仅锻炼了孩子们的动手能力，培养了孩子们的想象力、观察力、思维能力，更重要的是通过有趣的活动，让孩子们更喜欢亲近大自然。

（二）科学区

目标：

1. 知道冰的特性。

2. 了解冰和水的变化关系。

3. 激发幼儿探索水的变化的兴趣。

指导策略：

首先，引导幼儿观察冰，感知冰的特性。激发幼儿想去探索的兴趣。在科学区投放了大量的冰供幼儿观察和实验。其次，教师引导幼儿比较冰和水的不同从而发现冰和水的关系。最后，幼儿通过自主操作、探索的方式探究实验结果。

通过知道冰和水的关系，幼儿对冰又有了更深的认识，也可以更好地激发幼儿想要探索冰的兴趣，还可以培养幼儿的探究性思维。

（三）建构区

目标：

1.可以运用搭高、围拢、盖顶的方式进行搭建。

2.知道幼儿园房屋基本框架。

3.乐意与同伴分享搭建成果。

指导策略：

结合本班主题，在建构区搭建冬天里的向阳幼儿园，首先，和幼儿交流幼儿园的结构特点：有几层、有多少窗户、门口在哪儿等基本的结构特点；其次，引导幼儿抓住建筑物的内部结构特点表现出幼儿园的基本特征；最后，幼儿之间分享自己的搭建感受。

通过搭建的活动，不仅可以锻炼幼儿的搭建能力，提升幼儿的审美能力，培养耐心、协作、坚持的良好品质，还可以增加幼儿对幼儿园情感。

（四）图书区

目标：

1.乐意分享自己喜欢的小故事。

2.可以安静地读书，不打扰别人。

3.知道小动物过冬的方法。

指导策略：

结合本班主题，在图书区投放了一些和主题相关的图书，比如《小动物怎样过冬》《不一样的冬天》等图书。结合当时的天气再引导幼儿阅读此类书籍，最后在分享环节和小朋友们分享自己阅读的图书，喜欢表演的小朋友也可以根据图书的内容进行表演。

通过读书的活动，不仅可以让幼儿更好地了解冬天，增加幼儿的科普知识，还可以给幼儿亲近大自然的机会。

六、集体教育活动

活动一：社会活动——冬天如何保护自己

活动目标：

1. 乐意向同伴分享冬天保护自己的方法。

2. 提高幼儿的安全意识。

3. 可以采取一定的措施，保护自己。

活动重点：可以采取一定的措施，保护自己。

活动难点：提高幼儿的安全意识。

活动准备：

经验准备：对冬天的恶劣天气有所了解。

物质准备：图片：道路结冰照片、起雾照片、下雪照片。

活动过程：

1. 导入

小朋友们，现在是什么季节呢？那你们冬天都是怎么来幼儿园呢？你们知道冬天我们如何保护自己吗？

2. 提出问题

遇雪天，我们在上学的路上应该注意哪些呢？

3. 讨论

冬季如何注意交通安全。

4. 总结上下学路上幼儿应该注意些什么

（1）在冬季，遇雨、雪、雾天气时上下学路上要注意交通安全。

（2）步行走人行道，在没有人行道的地方靠路右边行走。

（3）路面结冰和下雪天禁止骑自行车，或者搭乘其他车辆。

（4）行走时不能急奔快跑。

（5）不能在道路上堆雪人、打雪仗、滚雪球、滑冰，这样既不安全，又会影响交通，甚至发生车祸。

5. 冬季灾害天气我们活动时该注意哪些问题呢？

小朋友们我们在幼儿园应该注意些什么呢？

6. 冬季保暖教育

冬天寒冷的天气我们最应做到的是什么？如果我们不注意保暖，会发生什么？那我们要如何做好身体的保暖工作呢？

7. 分享防寒保暖小常识

（1）穿适当厚度的保暖御寒衣服。

（2）做好人体直接接触空气部位的保暖，在冬季戴上帽子。在更加严寒的时候，还应戴上口罩和手套，注意脚部保暖。

（3）在冬季宜穿深色衣服，可以使人体多获得一些热量，具有保暖的功能。

8. 延伸

师：我们赶快和身边的小朋友一起分享冬天自我保护的小知识吧！

活动二：数学活动——成组叔叔

活动目标：

1. 用组数方法解决生活中的数数问题。

2. 培养幼儿记数的兴趣。

3. 能以 2、5、和 10 为单位进行按组数数喜欢。

活动重点：能以 2、5、和 10 为单位进行按组数数。

活动难点：喜欢用组数方法解决生活中的数数问题。

活动准备：

物质准备：记录纸、笔、若干雪花片。

经验准备：可以从 1 到 10 连续数。

教学过程：

1. 导入

手指对歌《一双勤劳的双手》。

师唱问：伸出你的左手，左手有多少？伸出你的右手，右手有多少？我们都有一双手，一双勤劳的手。

2. 在动脑数雪花片的数量中引导幼儿学习成组数数的方法

（1）探索用什么方法能较快数出瓶盖的数量。（2 个 2 个、5 个 5 个，或 10 个 10 个数）

（2）教师总结：2 个 2 个数可以借用数双数的方法，5 个 5 个数中有 5、10、5、10 交替数的规律，且数 10 的数量是逐一递增的。10 个 10 个数可以借用一个一个数的方法。

（3）以《合拢放开》音乐手指游戏来加深幼儿对群数经验的认识。

3. 幼儿边表演边数数答题

（1）复习 10 个 10 个数

幼儿用 10 指齐演并答题：合拢放开、合拢放开、小手拍一拍，合拢放开、合拢放开小手放腿上。

（2）复习 5 个 5 个数

师：爬呀、爬呀、爬呀、爬呀、爬到头顶上。依然用同样的问答形式引导幼儿 5 个 5 个数数。

（3）复习 2 个 2 个数

这是眼睛、这是鼻子、这是小耳朵。用同样方法引导幼儿 2 个 2 个数出五官的总数。

（4）小结：要数出物体的多少，除了1个1个地数，还可以2个2个、5个5个地数、10个10个地数，这几种都是又快又好的数数方法。

4.幼儿运用喜欢成组数的方法进行数数，并记录

教师出示操作材料，提出问题并引导幼儿思考：你准备选用什么样的成组数方法解决问题？

活动三：社会科学活动——有趣的冰花

活动目标：

1.乐于参与玩冰活动。

2.观察结冰的自然现象，感知冰的特性与变化。

3.初步了解水和冰的关系。

活动重点： 观察结冰的自然现象，感知冰的特性与变化。

活动难点： 初步了解水和冰的关系。

活动准备：

物质准备：冰块、吸管。

经验准备：知道冰只是水的不同状态。

活动过程：

1.寻找结冰现象，感知冰的特征

引导幼儿说说看到什么地方结冰了，冰是什么样子的。

2.引导幼儿用手摸冰，发现冰的特征

请幼儿用小碗等盛好冰块。

师：用手摸一摸冰，你有什么感觉？把冰块从容器中取出，透过冰块看一看，发现了什么？（丰富词：透明）

鼓励幼儿大胆发表意见，如冰是凉的、硬的、滑溜的。

师：水为什么会结成冰块呢？

教师小结：冰是冷冷的、硬硬的、滑滑的、透明的。气温很低的时候，水会结成冰。

3. 做小实验，发现冰的变化

实验一：冰块上的洞洞

请幼儿尝试用吸管对准冰块的某一点连续吹，并说说自己的发现。启发幼儿用吸管吹自己的手心，并讨论：为什么吸管能给冰打洞呢？

实验二：冰块不见了

用手搓一搓冰块，发现冰块不断变小。看一看，自己手上有什么呢？水是从哪儿来的呢？等冰块完全融化后，引导幼儿讨论手上的冰块到哪儿去了？

4. 幼儿讨论说一说冰与水的关系。

活动四：语言活动——小雪花

活动目标：

1. 激发对散文诗的兴趣。

2. 引导幼儿学习适当的仿编。

3. 学习并理解"洁白""松软"等词汇。

活动重点：学习并理解"洁白""松软"等词汇。

活动难点：引导幼儿学习适当的仿编。

活动准备：

物质准备：关于雪花的PPT。

经验准备：熟悉散文小雪花。

活动过程：

1. 整体感知，学习作品内容

师：你们看到过小雪花吗？什么时候看到的？老师有一张小雪花的图片，你们想不想看？

（1）幼儿观看图片，完整欣赏散文诗。

（2）提问：诗里说了些什么？听了有什么感受？

（3）再次欣赏散文诗。

2. 分段学习

（1）欣赏第一自然段，问：小雪花是怎样落下来的？

（2）欣赏第二自然段，幼儿交流并讨论：为什么说雪花像"美丽的白纱""闪光的银帘""松软的棉絮"。

3. 集体朗诵散

4. 创编诗歌

师：你们喜欢小雪花吗？请你们像诗中说的那样也说一句话，好吗？

（1）幼儿自由组成小组，练习仿编，教师引导。

（2）小组相互交流练习。

活动五：体育活动——小雪花找妈妈

活动目标：

1. 能与同伴合作练习，体验合作成功的乐趣。

2. 学会按指令游戏，遵守游戏规则。

3.练习双脚跳，锻炼体质。

活动重点： 练习双脚跳，锻炼体质。

活动难点： 学会按指令游戏，遵守游戏规则。

活动准备：

物质准备：小雪花片若干、贴有雪花图案的篮子。

经验准备：可以双脚跳。

活动过程：

1. 热身运动，活动身体

2. 故事导入

冬天里，雪花宝宝们来到大森林里玩耍，玩着玩着，它们的妈妈不见了，它们一边哭一边找妈妈。小朋友们，我们看雪花宝宝那么伤心，我们赶紧去帮它们找妈妈吧！雪花宝宝不可以用我们的双手拿起，这样就融化了，它们就再也见不到妈妈了，我们要用雪花宝宝喜欢的方式帮助它们找到妈妈。

3. 教师示范动作，讲解要领

教师讲解动作要领，示范搬雪花。把雪花夹在两腿间双脚跳到对面，放到对面的大雪花篮子里。

4. 幼儿表演动作

请两名幼儿尝试做，教师纠正动作。

5. 幼儿练习。

6. 游戏：雪花宝宝找妈妈。

7. 整队，放松活动。

活动六：音乐活动——小雪花

活动目标：

1.学习用自然、优美的声音演唱歌曲。

2.能有感情地参与演唱和表演，表现雪花飘落的美。

3.感受歌曲抒情、柔和的特点。

活动重点：学习用自然、优美的声音演唱歌曲。

活动难点：能有感情地参与演唱和表演，表现雪花飘落的美。

活动准备：一幅雪花飘飞的动画。

经验准备：熟悉小雪花歌词。

活动过程：

1.猜谜导入，进入情境

（1）教师说谜面，幼儿猜测。

（2）打开画面：感受小雪花飘落的景象。

师：原来是小雪花，什么时候会下雪？

师：片片雪花从哪里飘下来？

2.感受乐曲，在小雪花的伴奏旋律中模仿雪花飘舞的动作

师：小雪花是怎么从天空中飘下来的？你能用动作表演吗？

（1）没有音乐动作表演一次。

（2）加上音乐动作表演一次。

3.欣赏歌曲，借助图谱感受理解歌词，并学习演唱歌曲

（1）在自然中呈现歌词，幼儿倾听欣赏

师：咦，快听，小雪花轻轻飞到你的耳边，在跟你说什么呢？

师：你听到了什么？

（2）唱一唱：幼儿学唱，并初步尝试分角色演唱

①完整演唱

师：你们喜欢小雪花吗？今天我们学唱的歌曲名称就叫《小雪花》，我们一起完整地唱一唱。

师：小雪花飘下来时心里怎么样？（第二遍，启发幼儿像小雪花飘落一样用稍慢、柔和的声音，有感情地演唱歌曲）

②分角色演唱

教师当小雪花，幼儿唱问的部分，然后交换。

4.游戏：扫雪。

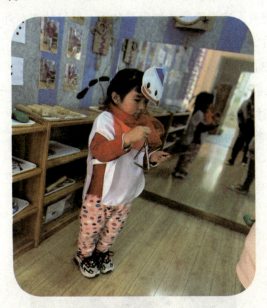

活动七：美术活动——多彩的冰花

活动目标：

1.提升幼儿的审美能力。

2.了解制作冰花的过程，可以自己制作冰花。

3.可以运用剪刀剪出想要的形状。

活动重点：了解制作冰花的过程，可以自己制作冰花。

活动难点：提升幼儿的审美能力。

活动准备：

物质准备：水、棉线、亮光纸纸屑、纸杯等各种的手工材料。

经验准备：可以使用剪刀。

活动过程：

1.欣赏制作好的雪花

师：冰花美不美？你们想不想拥有世界上独一无二的小冰花呢！下面我们来看看怎么制作吧！

2.教师示范做冰花的原理以及步骤

制作方法：

（1）在小碗中放入亮光纸纸屑，并倒满水。

（2）将棉线的一头放入小碗中，另一头露在碗外面。

（3）将小碗放入冰箱冷冻（如果是冬季，最好放在室外自然冷冻）。

（4）冻好后，把冰花提出来即可。

3.幼儿独立完成冰花制作

师：小朋友们，我们的桌子上有多种手工材料，你们一定要用多种材料制作我们美丽的冰花。

4.分享自己制作的冰花。

七、生活活动创设

活动名称：精致的雪花

活动目标：

1.锻炼手部的灵活性。

2.知道雪花的形成过程。

3.增加家长和幼儿之间的亲子感情和合作。

指导策略：

1.请家长给孩子讲解雪花的形成过程。

2.在家中和孩子进行手工活动，剪出不同样子的雪花，在剪纸的过程中不仅可以提升亲子关系，还可以大大提高幼儿的创造力以及动手能力。（教师提供不同剪纸方法的材料供家长参考）

3.寻找一个合适的下雪天带孩子到户外去观察雪花，寻找雪花的特点。

八、户外活动

（一）集体游戏

游戏名称：冰冻冰化

游戏目标：

1.提高幼儿的反应速度和躲闪能力。

2.增强同伴间合作意识。

玩法或规则：

在小朋友中随机抽取一名小朋友，这名小朋友为 A 组，其余小朋友为 B 组，在规定的场地内，A 组小朋友要想方设法捉住 B 组小朋友。A 组小朋友如果说"冰冻"，则 B 组小朋友全部定在原地不能再走动。A 组小朋友说"冰化"，B 组小朋友才可以动。在冰冻过程中，A 组小朋友是不可以捉人的。被 A 组小朋友捉住的 B 组小朋友就会变成 A 组的小朋友。什么时候 A 组人数大于 B 组人数，则 A 组胜利。

（二）自创游戏

游戏名称：可别把我弄化了

游戏目标：

1.提高下肢肌肉力量。

2.锻炼反应速度和身体敏捷性。

3.提高规则意识。

玩法或规则：

场地内画一个大的圆，圆内是冰冷区，圆外是自然区。冰宝宝们在自然区玩自己喜欢的玩具，当老师喊"太阳来了"，即开始捉人，冰宝宝们要赶紧躲到圆里，这样才不会被晒化，被老师捉到的则被淘汰。

九、主题墙创设反思

（一）教师策略及指导反思

主题墙要紧跟教学的进程，本次主题墙以冬季为线索寻找幼儿的兴趣点，开展教学活动、区域活动、户外活动、亲子活动。冬季到了，我们根据这个冬季的变化，把幼儿观察到的，结合已知经验通过绘画、手工制作的形式呈现出来，冬天的脚步在这里一目了然。引导幼儿探索和发现，鼓励幼儿亲近大自然，发现大自然的美好。

（二）幼儿行为、目标达成反思

本次活动幼儿更加了解冬天的特点，对大自然的季节性有了更深的认识。幼儿想要探索冬天的欲望是非常强烈的。在热爱大自然的同时，保护身边的小动物。通过观察、发现、探索的方式寻求答案，在生活中进行学习和探究的目标自然达成，对于社会适应能力有了很大程度的提升。

我爱京剧

班级：大二班　撰稿教师：范如逸

一、主题环境由来

当前，幼儿对我国的传统文化认知甚浅，对京剧没有什么了解，京剧为我国的国粹，是经典的中国文化。根据大班幼儿的年龄特点，创设了中国文化的班级环境。要使幼儿对京剧产生兴趣，就需要教师使用各种手段措施来激发幼儿的学习热情，所以在创设本次环境前先让幼儿与家长查找搜集资料，以幼儿自我展示为主，感受京剧是优秀的传统文化。在课堂活动时，教师再用大量的图片、影片、声音来调动幼儿的学习积极性，选择幼儿乐于接受的方式选取教学方法，帮助幼儿了解京剧的有关知识，并通过不同形式将幼儿对京剧的了解和思考过程记录下来。

二、主题活动网络图

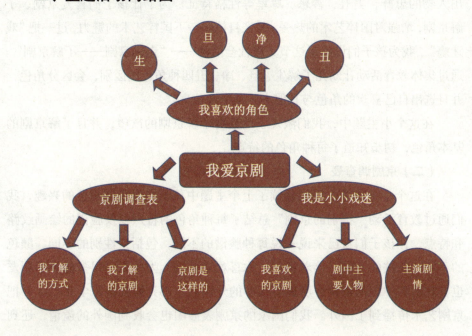

三、主题活动总目标

（一）初步了解京剧的特点，并让孩子喜欢京剧，对京剧感兴趣。

（二）感受京剧脸谱的形象美、色彩美，并尝试绘制脸谱。

（三）在欣赏脸谱及表演京剧的基础上，萌发热爱民族文化的情感。

四、主题活动具体措施

（一）我喜欢的角色

在这一主题开始，首先在生活活动中与幼儿说起京剧的话题，引发幼儿的兴趣，丰富幼儿有关京剧的前期经验。

接下来我们通过集体教育活动《走进京剧》和幼儿一起了解京剧。京剧是我国的传统戏剧，是中国的国粹。它是集唱（歌唱）、念（念白）、做（表演）、打（武打）、舞（舞打）于一身的综合性表演艺术。京剧的角色主要分为：生、旦、净、丑四大行当。尤其，京剧中的脸谱是最有特色的艺术之一。通过脸谱可以看出人物的忠奸、美丑、善恶、尊卑等性格特征。为了让孩子们喜爱京剧、了解京剧，增强对国粹艺术的热爱，并亲身体验一下国粹艺术的魅力，过一把"戏迷瘾"，我为孩子们设计了这节大班社会活动——"走进京剧——了解京剧"。通过集体教育活动让幼儿了解生、旦、净、丑四种角色的区别，会区分角色，并且选出自己喜欢的角色与其他小朋友交流分享。

在这个小主题中，我们激发了幼儿对了解京剧的欲望，并且了解京剧的基本角色，初步知道了每种角色的特点。

（二）京剧调查表

在这个小主题中，我们延续了上个主题中孩子们对京剧角色的兴趣，我们通过教育活动"特别的京剧"总结了每种角色的特点以及脸谱的绘画纹路和特点，让孩子们自己来说一说每种脸谱的不同，包括：性别的不同、颜色的不同、花纹的不同。接着提问：你喜欢京剧吗？为什么？很多的外国朋友也喜欢我们中国的京剧，所以有很多的外国朋友都到我们国家学京剧，并把京剧艺术传播到了国外。我们国家的京剧表演团也会收到国外的邀请，还到

国外演出表演，让外国人了解京剧，了解我
们中国文化。

为什么那么多人喜欢京剧呢？请你先去
了解一下京剧吸引人的秘密来跟大家分享，
通过家园共育，让幼儿与家长一起了解京
剧，并将了解的过程用自己的方式表现出来，
在课堂上与小朋友一起分享是如何了解京剧
的。在用自己的方式了解后的京剧是什么样子的，鼓励幼儿用绘画、符号的
方式记录下来。接着通过集体教育活动"京剧我知道"播放课件，请幼儿欣
赏四大行当各自的扮相及唱段，初步展开活动。首先，欣赏生、旦、净、丑
四大行当的服装和扮相。然后欣赏四大行当的唱腔，并给幼儿进一步讲解。
如《空城计》中的诸葛亮；《穆桂英》中的穆桂英；《铡美案》中的包拯；《群
丑闹春》中的丑角等。总结从京剧人物的服饰和扮相上，能看出他的性格特征，
了解人物的忠奸、善恶、美丑，不同角色的唱腔也各不相同。

接着欣赏京剧脸谱，感受其独特的艺术魅力进一步展开活动。通过欣赏
京剧脸谱，知道各种脸谱代表的意思。各种颜色代表的意思不同，都有许多
有代表性的人物造型，然后动手操作制作京剧脸谱，激发幼儿的兴趣及对京
剧的喜爱。

（三）我是小小戏迷

孩子们在了解京剧，掌握了京剧特色的基础上，我们搜集了一些耳熟能
详的京剧，其中有一个《杨门女将》，孩子们非常喜欢这场京剧的内容，尤
其对其中的穆桂英更是喜爱，我们便对《杨门女将》这一剧目展开详细研究。

首先，我们了解了剧中的一些主要人物，根
据对脸谱的先前经验，让幼儿看脸谱区别人
物的角色，通过脸上妆容的不同，识别出属
于哪种类型的脸，然后了解京剧的主演剧情，
了解每种角色根据人物在剧中不同的性格，
脸谱的颜色也不同。结束活动幼儿佩戴自己
制作的脸谱进行表演。播放录音，全体幼儿
一起表演京剧联唱《说唱脸谱》，激发幼儿
对京剧国粹艺术的热爱。

五、主题活动中的生活活动创设

活动名称：学唱京剧

活动目标：初步了解京剧的特点，并尝试表演京剧。

指导重点：采用家园共育的形式，引导幼儿在家与爷爷奶奶学唱京剧，并将学唱的过程进行分享，激发幼儿对京剧国粹艺术的热爱。

六、主题活动中的区域创设

（一）图书区：京剧书

区域目标：喜欢阅读有关京剧的书籍，通过阅读了解和丰富京剧经验。

区域墙饰：创设重点推荐栏目——《生》《旦》《净》《丑》。

区域材料：有关京剧的儿童读物。

指导重点：教师根据主题活动的进展情况向幼儿重点推荐京剧图画书，如，在主题活动中期推荐图书《旦》，巩固幼儿对京剧角色的理解和认识；在活动后期，向幼儿推荐图书《生》《旦》《净》，让幼儿了解京剧角色在京剧中的意义与作用。

（二）美工区：绘画脸谱

区域目标：愿意利用涂、画、黏等形式制作京剧脸谱。

区域墙饰：创设脸谱的制作过程以及展示墙饰。

区域材料：脸谱、笔、刷子、颜料各种辅助材料。

指导重点：鼓励幼儿根据先前经验大胆想象，并与同伴进行分享，提升幼儿的创意制作。

（三）植物角：比比哪个长得快

区域目标：观察植物在不同的水中的生长状况并记录下来生长情况。

区域材料：各种测量工具、记录本。

指导重点：鼓励幼儿积极观察，发现植物在不同水中的不同生长状况，使用幼儿的方法进行记录。

（四）表演区：我是小戏迷

区域目标： 通过先前对京剧了解的经验表演京剧。

区域墙饰： 创设京剧戏园的环境。

区域材料： 各种乐器及脸谱。

指导重点： 教师根据主题活动的进展情况，引导幼儿根据不同人物的不同性格选择不同的脸谱，伴随音乐进行学唱京剧。

七、主题活动下的集体教育活动

活动一：京剧四大行当

活动目标：

1.萌发幼儿对京剧艺术的兴趣，激发幼儿热爱祖国传统文化的美好情感。

2.鼓励幼儿参与京剧表演和制作京剧脸谱。

3.培养幼儿的动手操作能力和艺术表现力。

活动准备：

物质准备：

1.收集各种不同的京剧脸谱、图片。

2.京剧表演视频。

经验准备：日常活动时播放京剧的录音和录像，供幼儿欣赏。

活动过程：

1.游戏导入，激发兴趣

2.尝试分类，巩固认识

（1）你们认识他们吗？属于什么行当？为什么？

（2）桌子上有很多我们一起收集的照片，请你们把他送到他们的行当中去。

①纠错：看看都送得对吗？

②提出疑问——巩固知识。

（3）总结：我们一起来说说，原来生中还分成老生、小生、武生。

3.自主装扮，表达表现

京剧里的行当有那么多知识，老师为你们准备了很多京剧中的道具，你想表演谁？等会儿请你们自己选择一样道具，可以练练他的动作。

活动二：京剧脸谱

活动目标：

1. 了解京剧的历史，知道京剧是中国的国粹，萌发对祖国文化的热爱。

2. 乐于尝试运用水粉画的方法大胆绘制、设计京剧脸谱。

3. 能够感受京剧脸谱中五官的对称、夸张与变形。

活动准备：

物质准备：

1. 各种京剧脸谱图片、范画 1 张，水粉颜料、调色盘，水粉笔人手 1 支，小水桶若干只。

2. 幼儿操作卡片（画脸谱）。

经验准备：幼儿观看过京剧表演视频。

活动过程：

1. 直接导入

师：小朋友们都画过京剧脸谱，谁来说一说，京剧脸谱有什么特点？

2. 根据已有的经验欣赏京剧脸谱，出示京剧脸谱图片，引导幼儿欣赏。

（1）京剧脸谱从色彩上给人怎样的感觉？

（2）京剧脸谱中的五官和日常生活中所见到的五官有什么区别？

（3）找一找脸谱中除了眼睛的装饰，还有哪些地方也是用对称的方法表现的？

（4）找一找在京剧脸谱中，哪些部分是通过线条表现的？哪些是用形状表现的？哪些是用色块表现的？

教师小结：京剧脸谱中的装饰图案不仅好看，而且还和人物的性格特征有关，不同脸谱表现不同的角色。

3.幼儿操作，教师指导

（1）请你仔细观察，这张脸谱和我们以前画的脸谱有什么不同？今天我们就用水粉创作一张有趣的京剧脸谱吧。

（2）注意：用完一种颜色，换色之前要将笔在水桶里洗净。

（3）鼓励幼儿大胆、夸张地进行创作。

4.欣赏与评价

（1）幼儿自己介绍，互相欣赏。

（2）播放京剧唱段，幼儿模仿京剧表演。

活动三：京剧国粹

活动目标：

1.感受京剧独特的艺术魅力，萌发对国粹京剧的探究兴趣。

2.通过京剧脸谱的颜色和人物的装扮，能简单区分京剧中人物的性格特征和人物角色，并尝试模仿京剧中不同的角色。

3.知道京剧是中国的国粹，了解京剧脸谱颜色的含义以及四大行当"生、旦、净、丑"。

活动重难点：

1.幼儿知道京剧的特点，了解不同颜色的脸谱代表不同的人物性格和四大行当"生、旦、净、丑"的人物特点。

2.通过了解京剧脸谱和四大行当，能够区分京剧中人物的性格和人物角色，并尝试模仿京剧不同角色的动作及唱腔。

活动准备：

物质准备：

1. 自制多媒体课件。

2. 各种各样的京剧脸谱。

3. 京剧四大行当的图卡。

经验准备：

1. 活动前，请幼儿听听京剧，简单了解京剧脸谱及四大行当。

2. 了解中国有名的京剧剧目及剧中的代表角色。

活动过程：

1. 出示京剧脸谱，激起幼儿对京剧的探究兴趣

（1）提问：这是什么？看到脸谱你会想到哪种戏曲？

（2）小结：京剧是中国的国粹，它是独有的一种戏曲，有近200年的历史，是我们中国的骄傲。

（3）出示京剧人物课件，简单了解京剧的特点。

提问：京剧都有哪些独特的地方？

教师小结：京剧里有脸谱、有行头、有唱腔，而且还分为"生、旦、净、丑"四大行当。

2. 带领幼儿认识脸谱，了解不同颜色的京剧脸谱所代表的含义

（1）出示课件，观察各种京剧脸谱的相同点和不同点

提问：

①这些脸谱一样吗？哪里不一样？

②你们知道在京剧里每一种颜色的脸谱都代表着什么性格的人物吗？

（2）欣赏戏歌《说唱脸谱》，进一步感知不同颜色的脸谱所代表的不同人物性格。

①提问：歌里都唱到了谁？

②逐一出示不同颜色的京剧脸谱，进一步巩固不同颜色的脸谱所代表的不同人物性格。

（3）带领幼儿玩抢答小游戏"我来问，你来答"

①请幼儿任选一个喜欢的京剧脸谱，并和同伴交流所选的脸谱是什么颜色的？代表着什么样的性格？

②教师向幼儿讲明游戏规则。

（4）教师小结：各种各样的脸谱，在京剧里叫作"花脸"，"花脸"是京剧四大行当里的"净"。那除了"净"这个行当，京剧里还有哪几个行当呢？

3.引导幼儿观赏并辨别，了解京剧的四大行当——生、旦、净、丑

（1）出示四大行当的人物图片

（2）观赏辨别京剧"生旦净丑"四大行当的戏曲视频，引导幼儿通过外部特征、模仿动作及唱腔，进一步辨别京剧"生旦净丑"四大行当。

（3）玩分类小游戏，进一步巩固对四大行当的认识

①教师提出游戏要求，幼儿选择图卡进行分类游戏。

②游戏验证、纠错。

4.幼儿尝试表演，体验京剧的乐趣

（1）教师进行活动小结，送给每位幼儿一个精致的脸谱做礼物。

（2）带领幼儿戴上脸谱尝试进行京剧的模仿表演。

活动四：中国京剧

活动目标：

1.有兴趣了解中国京剧故事和京剧人物。

2.通过各种活动感受京剧、走近京剧、喜爱京剧。

活动准备：

物质准备：

1.杨贵妃、穆桂英、文成公主等人物剧照。

2.京剧图书、京剧视频。

3.各种纸笔等。

经验准备：

1. 活动前，请幼儿听听京剧，简单了解京剧脸谱及四大行当。

2. 了解中国有名的京剧剧目及剧中的代表角色。

活动过程：

1. 论旦角人物

（1）观察、谈论

教师与幼儿一起观看杨贵妃、穆桂英、文成公主的剧照。教师与幼儿一起边看剧照边谈论，教师随机讲解这些人物故事。

（2）搜集、展览

教师、家长、幼儿共同搜集有关适合幼儿看的京剧照片、画片等，并分享自己搜集的照片、画片。

2. 多种形式感受中国京剧

（1）多种形式讲故事

①教师利用集体活动方式，介绍净角人物故事。

②创设环境，引发幼儿看京剧图书、看京剧视频，请家长讲京剧故事等，激发幼儿对京剧故事的兴趣。

③创设环境，鼓励幼儿在角落活动中自发地组成小组、个别讲故事。

（2）学画净角脸谱

鼓励幼儿为男孩画净角脸谱，在活动中，加深对故事人物的了解，如红脸表示勇敢、黑脸表示正直、白脸表示奸诈等。

（3）欣赏京剧表演片段

通过欣赏活动，进一步激发幼儿对京剧人物及故事的兴趣。

3. 感受与表现

（1）学唱京剧、学做京剧台步、做功

请有相关经验的家长来为幼儿讲解并且表演老生走路的动作、花旦手舞的动作、武生对打等动作，结合播放视频中相应的片段，让幼儿谈谈、学学京剧人物的动作。

（2）搜集布置京剧乐器

将来自幼儿园的、家庭的、社会的等各种京剧乐器布置于教室之中，如锣、钹、京鼓、京胡等，营造浓浓的京剧氛围。

（3）观看、讲述京剧《空城计》

①观看京剧剧目《空城计》。

②教师、幼儿共同讲《空城计》的故事。

（4）画画我最喜爱扮演的京剧人物

①根据不同的材料，教师们事先制作好一些成品，进行环境布置，引导观赏谈论。

②供多种绘画形式，让孩子们进行自由选择，尝试角色创作，创造性地表现人物的服装、动作和道具。

活动五：有趣的脸谱排序

活动目标：

1.引导幼儿通过观察发现事物间的简单规律。

2.培养幼儿细致观察、勤于动手的好习惯；体验思维训练的乐趣。

活动准备：

1.三种不同排列规律的范例条各1条。

2.操作纸、记号笔若干。

3.奇妙书、香蕉、草莓、橙子图片若干。

活动过程：

1.开始部分

导入：小朋友有没有发现，今天我们座位排列的顺序有什么特别的地方？（一个男孩、一个女孩）有一组图案排列的顺序和我们很相似，我们一起来看看它们是谁。

2.基本部分

（1）依次出示三种排列规律的范例，请幼儿读一读每张范例条上的图形是什么，发现了什么规律。

①出示范例条（黄脸谱、红脸谱、黄脸谱、红脸谱、黄脸谱、红脸谱）

引导幼儿用 AB 分组，教师在范例条的下方记录，引导幼儿小结规律。

②出示范例条（黄脸谱、红脸谱、红脸谱、黄脸谱、红脸谱、红脸谱、黄脸谱、红脸谱、红脸谱）

引导幼儿 ABB 分组，教师在范例条下方记录，引导幼儿小结规律。

③同样，出示范例条（黄脸谱、红脸谱、白脸谱、黄脸谱、红脸谱、白脸谱、黄脸谱、红脸谱、白脸谱）

引导幼儿小结 ABC 排列的规律。

（2）引导幼儿观察"奇妙的书"，找出书中的规律

①引导幼儿观察"奇妙的书"从封面到第三页

封面是彩虹，颜色依次为红、橙、黄、绿、青、蓝、紫。

第一页上是一颗红草莓；

第二页上是两只橙色的橘子；

第三页上是三根黄香蕉。

请幼儿依次猜猜后面几页上有什么，是怎么猜的。

教师肯定幼儿的猜测，再引导幼儿完整书，发现书中的规律。

②引导幼儿说一说生活中有哪些有规律的现象

在我们的生活中还有许多有规律的现象和事情，比如说人的生长规律，都是从小慢慢长大，最后变老。植物也是这样，树从树芽到小树苗慢慢长大，最后变成大树。鼓励幼儿将自己知道的事物的规律和现象与同伴进行交流。

（3）幼儿操作活动

①看图形找规律，说出规律。

②按照排列规律粘贴图形。

③按照动物生长的规律，排列图片。

④按照植物生长的规律，排列图片。

（4）幼儿展示操作结果，教师进行评价。

3. 结束部分

今天我们了解了几种简单的规律，这些简单的规律在生活中随处可见，只要我们稍加注意就能发现，让我们一起到外面找一找在我们的身边还有哪些规律，好吗？

活动六：我爱京剧

活动目标：

1.了解京剧中老生、花旦、丑角的外形及演唱特征。

2.能有情趣地模仿和表演，体验京剧欣赏和表演带来的乐趣。

3.萌发喜爱京剧的情感。

活动准备：

1.老生、花旦、丑角的视频片段。

2.道具：胡子、水袖、小丑帽、玉带、白鼻梁等。

3.老生、花旦、丑角的图片。

活动过程：

1.出示花旦剧照，激发幼儿学习兴趣

小朋友见过吗？他与我们现在穿的衣服有什么不同？

2.幼儿看视频，体验欣赏、模仿京剧的乐趣

（1）幼儿欣赏老生的片段

①观察老生的打扮，找出特点。

②欣赏、感受老生的唱腔。

③模仿老生的表演。

教师小结：我们刚才看到的这位脸上有长长的胡须、腰间佩玉环、脚穿厚底鞋，走路迈四方步的老爷爷，在京剧里叫老生。

（2）欣赏花旦片段

①介绍花旦：在京剧中她有个好听的名字叫花旦。

②你们喜欢她吗？为什么？仔细看看花旦的打扮是怎样的？

③模仿花旦的表演。

④花旦唱戏时候的声音是怎样的？感受花旦的唱腔和表演。

（3）欣赏丑角片段

①刚才小朋友都笑了，能说说为什么吗？你觉得他哪里滑稽？

②模仿丑角的表演。

3.通过模仿表演，巩固对三个角色的认识

①你们表演的真好，要是能戴上道具肯定会更好。介绍道具，说说是谁用的道具。

②戴上道具表演。

4.结束：按自己角色的表演特点边表演边退出教室。

八、主题创设反思

　　京剧艺术是中国的国粹，是世界文化遗产，让孩子们初步的接触京剧艺术，对其产生兴趣，并通过以后的一系列活动让孩子们喜欢京剧艺术，这也是传承和保护中国传统文化的一种方式。班级楼道里的墙面也是以京剧为主，更能让幼儿深入对京剧的认识。因此，我以京剧艺术里最为普及的京剧脸谱（这也是孩子们接触的最多与京剧有关的内容）为切入点，让孩子通过认识京剧脸谱、欣赏京剧脸谱、欣赏与京剧脸谱有关的歌曲《说唱脸谱》以及自己绘制脸谱等活动，让孩子们对京剧艺术产生兴趣和探索的欲望并产生民族自豪感。而该活动只是"京剧艺术"这一主题的一个开端，当孩子们看到新奇的、各种各样的京剧脸谱，观看到从未看过的京剧表演时都被深深地吸引了，为以后的主题深入开展打下了很好的基础。我觉得有些细节方面还应当有所优化。在引导幼儿发现京剧表演和平常表演不一样的地方时，幼儿最先提到的是衣着和头饰，忽略了脸谱。在讲解颜色时，可依据幼儿的思路来一一探究，说出颜色中隐藏的秘密，应该给幼儿更多自由议论和互相交流的时间，那样幼儿才能充分表达对脸谱的感受。最后评价部分，内容也可以丰富一些，可先让多名小朋友们选择自己喜欢的脸谱，说出自己对脸谱的理解，这就起到了一定的巩固作用。在今后的主题活动中，我将不断引领幼儿感受中国传统艺术的魅力，同时我也将不断探索美术欣赏教学实践活动，在提升幼儿欣赏美、感受美的同时，更丰富社会领域知识。

房子变变变

班级：大二班　　撰稿教师：范如逸 李英华

一、学情分析

（一）教材分析

1.通过了解家乡居住条件的变化，初步认识到社会的发展与进步，感受到经济发展和科技进步给人们生活带来的影响。

2.初步了解收集资料的途径，有利于培养幼儿思考、分析、比较归纳等思维能力。

3.培养幼儿的表达与交流能力，提高合作学习的能力。

（二）幼儿分析

1.了解和认识风景建筑、文化时事。

2.观赏各种戏剧表演，初步了解戏剧布置、服装、道具的意义，能理解戏剧大意，简单讲述。

3.讨论：会发起谈话，并能围绕一个话题进行讨论，在讨论中会轮流发言，理解并尊重别人的观点。

4.表达：愿意当众表达，能大胆地运用各种语言，能够清楚、连贯地表达自己的想法、做法和愿望。

5.收集使用信息，能在生活中使用多种途径（图书、电脑、口语交流等）发现与学习相关信息，学习初步收集，使用信息。

6.学会观察和发现生活中美的事物（美的建筑、节目、景色、自然风景等），喜欢大胆用美术的方式表达自己的见闻、感知和思考，主动参与各种美术活动。

7.利用自然物或废弃物材料的形状、质地等特点，大胆修改、添加、组合、设计和制作有趣的物体。

8.环保：具有初步的环保意识和行为。

二、主题来源

小朋友假期到各地旅游后，都非常喜欢带一些有特色的房屋建筑照片回园，并津津有味地向同伴做介绍。为了较大程度地满足幼儿的好奇心，进一步开阔幼儿的视野，丰富他们有关知识，激发他们不断探索的欲望，提高他们的语言表达能力，为此我们班开展了"房子变变变"的主题活动。

三、主题目标

房子的内容非常多，对孩子来说比较抽象，因此将活动设计成一个简单的房子演变的过程，通过直观的对比，将不同时期的房子绘画出来，呈现在主题墙上，让幼儿有身临其境的感觉，从中了解、认识丰富多样的房子。

四、主题结构图、环境图及说明

活动主题从过去到现在再到未来，三个时间段的房子形成对比。

在过去的房子。从房子的样式、房子的结构和房子的讲究进行了详细的了解。在房子的样式方面，结合班级的废旧材料，使用纸板剪裁了经典的过去房子——四合院，然后在房子上标注出了每一间房子的名称，每间房子由谁来居住，标注在图上能够更方便幼儿了解。不仅如此，我们还专门对房子的建筑结构进行了分析，让幼儿用自己的方式表达出来。

现在的房子。依旧是从房子的样式、房子的结构和与过去房子的三点不同进行了解。我们依旧采用纸板剪裁的方式给幼儿呈现房子的样式，与过去的房子的样子形成鲜明的对比。然后从每间屋子的名称和居住人进行了对比。

未来的房子。通过了解过去的房子和现在的房子，我们了解了房子的建筑特点和使用功能，以此引发幼儿思考，引导幼儿开启自己的想象力，用自己喜欢的方式设计未来的房子。

五、区域环境创设

（一）环创目标

合理利用室内外环境，创设开放的、多样的区域活动空间，提供适合幼儿年龄特点的丰富玩具、操作材料，支持幼儿自主选择和主动学习，激发幼儿的学习兴趣和探究欲望。

（二）幼儿培养目标

幼儿从房子的结构特点、居住特点等方面了解房子的演变过程。

（三）教师指导策略

在美工区提供废旧盒子、纽扣、布料、绳子等材料，供幼儿进行房子的造型活动，引导幼儿利用废旧纸盒制作房子、房檐等，再将这些作品投放到建构区搭建不同的建筑，让幼儿在搭建过程中理解房子格局的变化。同时在建构区提供各种积木和废旧材料供幼儿建构造型。探索区提供房子、民居的自制拼图，幼儿可进行拼摆和排序。

六、集体教育活动

活动一：越造越好的房子

活动目标：

1.通过比较图片，观察并了解人们居住房子的变化，能用规范的语言表达自己的想法。

2.体会城市建设的不断变化，感受我们的家乡越来越美丽，并知道要保护我们的城市环境。

活动重难点：能够用规范的语言表达自己的想法，培养幼儿保护环境的意识。

活动准备：

物质准备：PPT、图片。

经验准备：幼儿看到过不同的房子。

活动过程：

1. 谈话导入

小朋友，你现在居住的房子是什么样的？你还看到过什么样的房子？

2. 出示图片比较

很久很久以前，人们住的房子是什么样的呢？

图1：最早人们住在山洞里，没有门窗、居住不方便。

教师总结：住在山洞里有很多危险，那人们就要想办法造房子，盖什么房子呢？

图2：没有围墙，没有门窗，下雨会漏雨，刮风会倒。

教师总结：虽然盖了房子，但还是很危险，聪明勤劳的人们会造出什么样的房子呢？

图3、4：有了墙壁和门，没有窗户的房子。

教师总结：那可以给房子设计一些窗户，这样就解决问题了。还会有哪些问题呢？

图5：到河边洗衣服

教师总结：盖卫生间，可以在室内洗衣服。

图6：现在的房子

教师总结：我们的房子真的是越造越好了，那我们在盖房子用的材料上也有了一些变化，我们来看一看。

3.从材料上感受越造越好的房子

图1：最早的山洞

图2：茅草房

图3：泥瓦房

图4：砖房

图5：混凝土房子

4.活动结束

房子越造越好，为了美好的生活环境，我们还要多种树、减少汽车尾气的排放、绿色出行，这样我们才能越来越好，小朋友们，从我们做起，让我们都快快行动起来吧！

活动二：有趣的房子

活动目标：

1.巩固形体和数量之间的关系。

2.通过小猪造房子的活动，了解拼搭材料的数量与房子建筑面积之间的数量守恒关系。

3.体会帮助他人的快乐。

活动重难点：了解拼搭材料的数量与建筑面积数量守恒关系。

活动准备:

物质准备:

1.房子轮廓卡片人手 1 份、三种大小型号不同的蓝色砖。

2. 3 座大房子和砖块记录表。

3.记号笔、便签纸。

经验准备:对房子有一定了解。

活动过程:

1. 只小猪造房子

(1)导入环节

《三只小猪》的故事激发幼儿的好奇心,引入主题。

(2)小猪造房子

三只小猪太心急了,砖块还没有造好呢,瞧,这是他们要用的砖,什么形状? 分别猜测不同大小的房子所需砖块的数量。

(3)讨论:砖块的多少和房子的大小有什么关系?

(4)教师小结:砖块大小相同时,房子越大,所需的砖头越多;房子越小,所需的砖头越少。

2. 造房子比赛

(1)介绍材料和比赛内容。

(2)幼儿操作。

(3)集体验证。

(4)讨论:造一样大的房子,砖块的大小和数量的关系。

(5)小结:造相同的房子,砖块越大,所需的砖越少;砖块越小,所需的砖越多。

3. 帮助小猪造新房

(1)观察大房子,激发帮助小猪的愿望。

(2)提出要求。

(3)幼儿分组操作并记录。

(4)集体验证:这组用了多少块砖? 查看记录表。

活动延伸:下次我们还可以尝试用最少的砖或最多的砖造房子,一定很有趣,好吗?

活动三：不倒的房子

活动目标：

1.了解房子不倒的秘密，激发幼儿的探索精神。

2.培养幼儿动手操作能力，在活动中大胆创造并分享与同伴合作成功的体验。

3.初步了解地震中自救的小常识，丰富幼儿的生活经验。

活动重难点：

1.了解房子不倒的秘密，激发幼儿的探索精神。

2.培养幼儿动手操作能力，在活动中大胆创造并分享与同伴合作成功的体验。

活动准备：

物质准备：

1.让幼儿初步了解一些搭房子的技巧，以及房子的一些简单结构，并可让幼儿收集一些房子的构造图。

2.塑料杯、塑料板、纸皮、纸筒、易拉罐、水管、水管接口、小木棍。

3.双面胶、透明胶、小剪刀、塑料绳子、细铁丝、小型电风扇。

经验准备：幼儿有动手操作的经验。

活动过程：

1.激发兴趣，导入活动

（1）提问：因为地震很多房子都倒了，你们想帮助灾区的小朋友吗？你们想盖一间怎样的房子呢？

（2）幼儿根据老师所提供的材料自由地搭建不倒的房子。

2.感知材料，进行探索

（1）幼儿利用操作材料自由地探索，并在活动中初步了解房子不倒的各种要素，了解要让房子不倒，必须要有支撑点。

（2）发现新问题：让幼儿在活动中发现用支撑点固定房子才能固定不倒。

提问：怎样才能把我们做好的框架固定在实验台上，不移位呢？

3.动手操作，探索方法

（1）激发幼儿带着问题进行探索。鼓励幼儿大胆利用各种方法构建房子的墙体，并与框架连接起来。

提问：小朋友，有什么办法把墙体和框架连接起来呢？

（2）在操作中做简单的记录。

4.展示与检查，体验成功

分享成功的快乐并和同伴交流、分享自己成功的经验。

5.拓展活动

观看《自救小常识》的课件，初步了解地震自救的小知识。

活动四：大房子变小房子

活动目标：

1.能专注地观察画面，倾听故事，了解故事内容。

2.以连贯的语句表述房子前后几次的"大小"变化。

3.体会老太太的心情变化，大致明白房子没变，但感觉变了的道理。

活动重难点：能够理解故事内容，体会老太太的心情变化。

活动准备：

物质准备：

1.绘本故事PPT。

2.聪明老先生、小老太太及动物头饰。

经验准备：能够复述简单的故事。

活动过程：

1.阅读封面、大胆猜想，激发阅读兴趣

（1）师：小朋友们好！瞧，在这本书的封面上，你看到了什么？

（2）师：哦，这位小老太太和动物们在一起，她的表情怎么样？心情怎么样？

（3）师：告诉你们哦，她就在想小房子变大房子。想一想，怎么能把小房子变成大房子呢？

（4）师：故事中还有位聪明的老先生，他会用什么办法把小房子变成了大房子呢？让我们来听一听故事吧！

2.师逐页讲述故事，幼儿边观察画面边倾听

（1）师：一位小老太太，一个人住着一间房子。

引导幼儿观察：

①小老太太的房子里有些什么？

②那她在干什么？你觉得她开心吗？

③她请来了聪明老先生，看看和你们的好办法一样不一样？

（2）提问、梳理故事情节

①聪明老先生的先请谁进房子？母鸡进屋后，怎么样？

②教师提问：她又向聪明老先生求助了，她说了什么？山羊怎么进屋的？

③三个待着怎么样？小老太太感觉房子怎么样？

3.教师揭晓聪明老先生的好方法

（1）师：小老太太现在的心情怎么样？她还觉得房子小吗？那觉得怎么样？

（2）师：房子真的从小房子变成大房子了吗？房子是没变的，那什么变了呢？谁变了？

（3）教师小结：原来呀，房子没有变，还是原来的小房子。变的是小老太太的感觉。

4.师幼共玩"找不同"游戏，分析房子前后的变化，再次回顾故事情节

（1）师：其实，房子中的有些东西也变了？你能像孙悟空那样，用你的火眼金睛找出来吗？

（2）前后的房间对比图找一找不同的地方，什么东西换过了？

活动延伸：为百变小舞台的演员们准备的新的演出道具，我们将进行排练，到时欢迎小观众们来观看《小房子变大房子》的舞台剧。

活动五：盖房子

活动目标：

1.练习持物平衡走和曲线跑，发展身体的协调性和平衡能力。

2.能够与同伴合作盖房，提高彼此的协作能力。

活动重难点：

1.练习持物平衡走和曲线跑，发展身体的协调性和平衡能力。

2.能够与同伴合作盖房，提高协作能力。

活动准备：

物质准备：

1.废旧纸箱若干。

2.平衡木 2 根。

3.路标 8 个。

经验准备：活动前，教师和幼儿一起布置场地。

活动过程：

1.谈话导入活动

师：孩子们，你家住的什么房子呀！我们的幼儿园是什么样子的房子？这些房子都是用什么材料盖成的！今天，小朋友也来当一名建筑师，盖一座你喜欢的房子，想不想呢？

在盖房子之前呢，我们要先活动活动身体，只有这样我们的身上才有很大很大的劲。下面呢，我们就一起听音乐锻炼一下身体。

2.基本部分

（1）将幼儿带入游戏场地，并引导幼儿观察，让其说说都有什么、怎样玩，然后请个别幼儿按他们的讲解示范一遍。

（2）将幼儿分成两组游戏，并介绍游戏的玩法及规则

①幼儿分组徒手练习走平衡木，绕路标曲线跑从两边跑。

②请幼儿持物练习，复习巩固平衡走和曲线跑，并将物体拿回来。

③进行运物比赛，比一比哪组速度最快，评出优胜队并提醒幼儿遵守规则。

④让幼儿讨论一下盖什么样的房子，并进行盖房子比赛。

⑤请幼儿介绍一下本组建造的房子，并讲评活动情况。

3.听音乐做放松动作。

4.活动延伸

请幼儿回活动室画下自己建造的房子。

活动六：我们一起搭房子

活动目标：

1.能和小朋友合作，大胆地越过障碍，体验合作的快乐。

2.发展幼儿手臂的控制能力和身体的协调性。

3.知道造房子的技巧和同伴合作的好处。

活动重难点：

1.手臂控制力和身体协调性得到一定的发展。

2.知道造房子的技巧和同伴合作的好处。

活动准备：

物质准备：4个山洞、4根平衡木、2根长直线。

经验准备：有双脚跳跃的经验。

活动过程：

1.基本部分：热身操

（1）教师带领小朋友做热身操。

（2）教师带领小朋友边唱边做热身操。

2.基本过程

老师介绍材料，小朋友"合作"比赛

（1）教师拿着一个桶和一根棒，介绍材料的使用方法。

师：请你们把桶和棒像这样抬起来，一起合作走。

（2）怎样抬着桶，走得快？

（3）幼儿合作尝试过障碍，比比哪组快。

（4）教师纠正走法。

（5）再次尝试过障碍。

（6）造房子游戏

师：请你们把砖头运到终点，先去的小朋友就留在终点开始造房子，看谁的房子造得又快、又高、又稳。

（7）正式比赛。

（8）师幼一起点评每组房子。

3.结束部分

把砖头运回起点，整理好回教室。

活动七：盖房子

活动目标：

1.能根据歌词内容创编相应的

动作，并随音乐边唱边表演。

2.探索不同的房顶和烟囱的造

型动作。

3.体验劳动后的喜悦心情。

活动重难点：

1.能根据歌词内容创编相应的

动作，并随音乐边唱边表演。

2.探索不同的房顶和烟囱的造型动作。

活动准备：

1.欣赏过《盖房子》这首歌。

2.观看工人砌墙、抹水泥的视频。

经验准备：幼儿喜欢边唱边跳。

活动过程：

1.在《表情歌》音乐伴奏下进教室

（1）复习歌曲《办家家》。

（2）齐唱、接唱歌曲一遍。

（3）分角色边唱边表演。

2.根据《盖房子》歌词内容创编砌墙动作

（1）回忆观察盖房子时所见是由上而下，还是由下而上砌墙的。确定从

坐着开始或蹲着开始做动作。

（2）探索"我的房子盖的高"和"房子盖的更加高"的动作位置。

（3）教师唱歌曲1—2句，幼儿随乐做动作。

3.创编抹墙动作

（1）随音乐按两拍一下的做抹墙动作。

（2）在掌握抹墙动作的基础上，做四面抹墙的动作，每面抹两下。

（3）教师唱歌曲，幼儿做1—3句的动作。

4.创编房顶、烟囱造型

（1）幼儿表达自己的设想，教师小结，组织幼儿集体模仿各种房顶及烟囱造型，教师带领幼儿随音乐完整合拍的边唱边表演。

（2）合作歌曲表演

全体幼儿围成一大圆圈，集体盖一座大房子，边唱边表演。

（3）分组盖房子，按小组合作表演

讨论房顶造型，推选当烟囱的人选后，边唱边表演，感受合作的乐趣，体验收获劳动成果的喜悦心情。

活动八：住宅小区

活动目标：

1.学习用长方形、正方形等基本图形进行组合，表现侧面、正面以及高矮不一的房子。

2.了解住宅小区的房子结构，房子前后的布局安排以及简单的小区设施。

活动重难点：

1.了解住宅小区的房子结构。

2.会用长方形、正方形等基本图形进行组合，变成高矮不一的房子。

活动准备：

物质准备：PPT、房子图片。

经验准备：幼儿参观过住宅小区，有搭建房子和画过房子正面与侧面及高楼的经验。

活动过程：

1.组织幼儿讨论"住宅小区"

（1）什么叫住宅小区？

（2）我们看到的住宅小区是什么样子的？

（3）如果我们站在一个地方看，小区内的房子有什么不一样？

（4）小区内除了有房子，还有什么？

教师小结: 我们站在一个地方看小区内的房子,是有高有低、有前有后、有正面有侧面的,还有一些花草树木等景物,小区内除了房子还有花草、植物以及一些简单的运动健身器。

2.讨论如何在纸上表现"住宅小区"

(1)教师:怎样在一张纸上画那么多房子?

(2)教师:先画远处的房子还是近处的房子?近处地方的房子应该靠近纸的什么位置?应该大些还是小些?

(3)教师:怎样让大家看出来,房子是有前有后的?

(4)教师:你见过的房子是什么样子的?什么形状的?

3.幼儿绘画,教师指导幼儿画面布局。

4.展览幼儿作品,从整体的画面布局来进行评价。

活动延伸: 将作品展示在美工墙上。

七、户外活动创设

(一)传统玩法

游戏名称:老鹰捉小鸡

游戏目标:

1.锻炼快速躲闪和奔跑能力。

2.增强角色意识和合作意识。

玩法或规则:

1.一名幼儿为老鹰,一名幼儿为鸡妈妈,其余幼儿是鸡宝宝,鸡妈妈与鸡宝宝们纵向一列,依次拽住前面幼儿的衣服,不能松手。

2.老鹰对鸡宝宝们进行捉拿;鸡妈妈进行保护,阻止老鹰对鸡宝宝的攻击;鸡宝宝们快速躲避老鹰的捉拿。

3.被老鹰捉住的鸡宝宝下场休息。

(二)创新玩法

游戏名称:击中鸡宝宝

游戏材料:平坦场地、沙包。

游戏目标：

1.提高上肢的投掷力量和精准度。

2.锻炼快速躲闪能力和身体敏捷性。

3.提高合作意识。

玩法或规则：

1.一名幼儿为老鹰，一名幼儿为鸡妈妈，其余幼儿是鸡宝宝，鸡妈妈与鸡宝宝们纵向一列，依次拽住前面幼儿的衣服不能松手。

2.老鹰用沙包击打鸡宝宝们；鸡妈妈进行保护，阻挡沙包打中鸡宝宝；鸡宝宝们需要躲避沙包的攻击。

3.被沙包击中的鸡宝宝下场休息。

八、生活活动

活动名称：不倒的房子

活动目标：让幼儿自己探索房子能够坚固不倒的秘密，了解房子的结构特点和演变的历史，知道不同房子的不同坚固性。

指导重点：采用家园共育的形式，引导幼儿在家中让爸爸妈妈帮忙查找房子不倒的原因，并将获得的结果带回来与小朋友们一起分享，初步感觉房子的特点，进一步激发幼儿了解房子演变过程的兴趣。

九、家园结合活动

（一）请家长收集资料

图文资料：自己家房子的照片，各种民居的照片。

废旧材料：各种大小型的纸箱、纸盒。

影像资料：电视售房广告短篇、录像等。

（二）家长利用接送孩子的路上，有意识地引导孩子观察各种各样的房子。

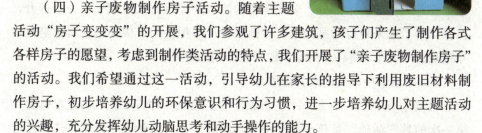

（三）请家长与幼儿一起关注不同种类的房子。

（四）亲子废物制作房子活动。随着主题活动"房子变变变"的开展，我们参观了许多建筑，孩子们产生了制作各式各样房子的愿望，考虑到制作类活动的特点，我们开展了"亲子废物制作房子"的活动。我们希望通过这一活动，引导幼儿在家长的指导下利用废旧材料制作房子，初步培养幼儿的环保意识和行为习惯，进一步培养幼儿对主题活动的兴趣，充分发挥幼儿动脑思考和动手操作的能力。

活动中，家长和孩子一起收集各种废旧材料，进行清洗、加工、分类等，随后根据收集的材料商讨制作内容、共同设计图纸、准备制作工具、投入制作等。在此过程中，家长始终尊重孩子的想法，并给孩子一些合理的建议、

适时的指导，充分发挥孩子动脑思考和动手操作的能力。当孩子们与家长共同制作的一件件充满着独特创意的作品呈现在大家面前时，一张张洋溢着成功喜悦的笑脸告诉我们，这次活动非常成功，孩子们在家园互动的配合下又得到了一次发展的机会。

十、社会领域园本课程创设反思

（一）从活动中孩子获得的发展来看：

1. 认知能力和思维能力的发展：通过季节集体教育活动，孩子们对于房子的认识，由最早的山洞到现在的别墅已形成初步概念，在认知上有了一个飞跃的感知。同时，在感知观察中，幼儿用了比较的方法，对前后不同的房子进行比较，思考它们的优缺点，提出自己的看法和建议，获得的是思维性的发展。

2. 情感的体验和语言的运用：在观察比较的过程中，孩子们真切地感知到了房子的不断变化，从而感受到了我们生活的一个积极性的转化，获得了

一种积极的情感，这也是整个活动的主要目标。结合这个目标和活动，我插入了一个语言的引导，即用"越来越"的句式来描述自己看到的房子的变化，这个句式的练习并不是机械化的单纯的练习，而是在孩子一次次比较后自然衍生的，不仅是语言的丰富，更是对幼儿比较认识的结果的一个小结，它形象清楚地把孩子的感知展示了出来。所以，我认为这个词汇的选择也是活动中重要并成功的一个部分。现代房子的演示同样是对孩子情感的一个提升，在感知房子越来越好的基础上，让孩子看一些很美的、很先进的房子是对幼儿感知的再引导和进一步升华，取得了预期的效果。

（二）活动中幼儿的差异性思考

活动中有争议的地方，一些想象环节是激发一种美好积极的追求体验：第一次的教学活动，是孩子们的刚入园的时候，我们让孩子思考："自己将来如果造房子的话，可以设计什么样的房子？"结果孩子们都从自己的已有经验出发，只是围绕自己看到的好的房子在说，并没有进行大胆创新的想象。考虑到主题的开展也还不深，让孩子设计想象可能有些难了，就在第二次教学活动时改为想象"自己家中如果造房子的话想要什么样的房子"。结果第二次教学活动却与第一次教学活动截然不同，经过了一段时间经验的积累，在思维上要较第一次活动活跃，请他们想象自己现实中可以造的房子时，反而能想出新奇的"飞机房""汽车房"等，这个现象，也让我再次体验到教师在面对认知层次不同的孩子时，提问需要注意的一个适切性。

（三）活动在细节上的问题

在谈话活动中，教师在教育的随机性上要更强些，要及时对幼儿的表达做出反应和引导。在一些细节引导上，我处理得不是很恰当，如有一个幼儿说："楼房有阳台，可以在夏天的时候乘凉用。"我的即时反应是"夏天那么热，没人爱去阳台乘凉。"就将话题引向了"冬天晒太阳才舒服呢！"否定了他的说法，其实他的说法也是有道理的，夏天的晚上坐在阳台上，看星星月亮、吹吹风，真是一件很美好的事。作为一个教师，要善于从孩子的角度理解问题，为孩子的看法寻找合理的解释，这就是这个小小的细节带给我的思考。